舊唐書

後晉 劉 昫 等撰

第一册

卷一至一〇（紀）

中華書局

圖書在版編目(CIP)數據

舊唐書/(後晉)劉昫等撰. —北京:中華書局,1975.5
(2024.12重印)
ISBN 978-7-101-00319-2

Ⅰ.舊… Ⅱ.劉… Ⅲ.中國-古代史-唐代-紀傳體
Ⅳ.K242.042

中國版本圖書館CIP數據核字(2002)第087492號

責任印製:管　斌

舊　唐　書
(全十六册)
〔後晉〕劉　昫等 撰
*
中 華 書 局 出 版 發 行
(北京市豐臺區太平橋西里38號　100073)
http://www.zhbc.com.cn
E-mail:zhbc@zhbc.com.cn
北京新華印刷有限公司印刷
*
850×1168毫米 1/32・174⅛印張・3089千字
1975年5月第1版　2024年12月第21次印刷
印數:60301-62300册　定價:460.00元

ISBN 978-7-101-00319-2

出版説明

五代後晉時官修的舊唐書，是現存最早的系統記録唐代歷史的一部史籍。本書原稱唐書，後來爲了區別於北宋歐陽修、宋祁等人編撰的新唐書，故稱舊唐書。全書分本紀、志、列傳三部分，共二百卷。

還在後唐時期，就對舊唐書的修撰做了不少準備工作，但直到後晉高祖天福六年（公元九四一年）才正式開始編修，到出帝開運二年（公元九四五年）修成，歷時四年多。舊唐書原來是由宰相趙瑩監修的。他在組織人員、收集史料和確定體例上，提出了不少建議和規劃。以後的宰相桑維翰、劉昫也相繼擔任監修。而在具體編撰舊唐書時，出力最多的是張昭遠、賈緯等人。但當舊唐書修成時，恰好是劉昫監修唐史，由他奏上，所以題「劉昫撰」。

舊唐書的作者離唐代很近，有機會接觸到大量唐代史料，特别是唐代前期的史料。重要的有吴兢、韋述、于休烈、令狐峘等人相繼纂述的唐書一百三十卷，它對唐初至唐代宗時期的歷史事件敍述比較完整。還有唐高祖至唐文宗的各朝實録。唐代後期的史料則掌握較少，只有武宗實錄一卷和其他零碎材料。舊唐書成書時間短促，大抵抄撮唐代史料成書，書中不少地方用了「今上」、「我」等字眼，都是沿襲唐代國史或實錄的舊文。「今上」指唐代史官撰述時的當代皇帝，「我」指唐朝。論贊中常出現「臣」字，也是唐代史官當時的稱謂。在材料的占有與剪裁、體例的完整、文字的乾凈等方面，後期大不如前。穆宗以後的本紀內容繁瑣冗雜；曆志、經籍志敍述僅至玄宗時代；列傳中對唐代末期人物缺漏較多；還存在着一人兩傳、一文複見等現象。這些都說明舊唐書比較粗糙。

但是，舊唐書敍述史實比較詳細，保存史料比較豐富，便於讀者瞭解歷史事件的過程和具體情況，因而受到後代的重視。唐穆宗以後的本紀，雖然內容比較蕪雜，爲後人所譏議，但也保存了不少有價值的史料。如龐勛起義、黃巢起義，在懿宗本紀、僖宗本紀中都有比較詳細的記載，由於列傳部分龐勛無傳、黃巢傳簡略，這些記載就更爲可貴。昭宗、哀帝兩紀，對某些藩鎮、宦官的囂張跋扈，敍述頗爲詳細，反映了唐王朝覆滅時的某些具體情景。宋司馬光著資治通鑑的唐紀部分，大抵採用舊唐書，就是因爲它記事比較詳細明白的緣故。舊唐書還採錄了不少富有史料價值的文章。如呂才傳、盧藏用傳，分別登載了兩人反迷信的重要論文。賈耽傳登載了他進奏所編地理圖志的兩篇表。這些都是在中國思想史和地理學史上有地位的文獻。又如，在傅奕、狄仁傑、姚崇等人的傳中，登載了他們反對佛教的文章，從中可以考見唐代佛教盛行對政治、經濟、社會的重大影響，以及世俗地主反對佛教的鬥争。這類文章其中有些是舊唐書最早保存下來的。繼舊唐書之後出現的新唐書，雖然在史料上作了許多補充，特别是志、表、唐代後期的列傳部分比較突出，但新唐書行文和記事往往過於簡略，使讀者不易瞭解具體情況。對舊唐書登載的大量文章，新唐書有的删去，有的壓縮成簡短的片段，甚至因厭惡駢文，竟改寫成散文，改變歷史文獻的原來面貌。相形之下，舊唐書在保存史料方面就具有新唐書所不能替代的價值。

我們這次點校舊唐書，以清道光年間揚州岑氏懼盈齋刻本（簡稱懼盈齋本）爲工作本，并參校了以下幾種主要版本：

一、南宋紹興年間越州刻本（簡稱殘宋本），全書已佚，殘存六十七卷，百衲本二十四史中的舊唐書卽用此殘本與聞人詮本配補而成。

二、明嘉靖年間聞人詮刻本（簡稱聞本）。

三、清乾隆年間武英殿刻本（簡稱殿本）。

四、清同治年間浙江書局刻本（簡稱局本）。

五、清同治年間廣東陳氏葄古堂刻本（簡稱廣本）。

點校中文字不主一本，擇善而從。凡是根據以上幾種版本改正文字的，一律不出校記。而根據唐會要、太平御覽、册府元龜等書校改的地方，都在每卷末尾作校勘記說明。關於前人校勘成果，除參考清人羅士琳等人的舊唐書校勘記（簡稱校勘記）外，還吸收了近人張森楷舊唐書校勘記、龔道耕舊唐書補校等幾種稿本的某些成果。

本書先由劉節同志點校，後來又交由陳乃乾同志負責點校，「文革」前標點初稿基本完成，但只寫出了部分校記。一九七一年，舊唐書和新唐書、舊五代史、新五代史、宋史等五史決定由上海人民出版社古籍編輯室組織力量在上海繼續進行工作。本書的點校由復旦大學完成。參加點校的，有復旦大學中文、歷史兩系的朱東潤、吳文祺、陳守實、張世祿、劉季高、胡裕樹、王運熙、蘇乾英、顧易生、徐鵬、徐連達、許寶華、周斌武、陳允吉、周維德、丁錫根、張萬起、葉盼雲同志。中國歷史地理研究所和中文系的譚其驤、吳應壽、王天良、朱東潤、徐鵬、陳允吉，以及胡菊興、嵇超、錢林書、鄭寶恒、張修桂、孔祥珠參加了本書點校稿的審校工作。參加全書最後定稿的有朱東潤、胡裕樹、蘇乾英、徐鵬、周斌武、王天良、陳允吉同志。參加全書編輯整理工作的有周中民、陸楓、李聖傳、葉亞廉、馮菊年、劉德權、周琪生同志（以上名單及排列順序均由各單位提供）。

這次重印，就已經發現的問題和可能條件作了少量的修正。

中華書局編輯部

舊唐書目錄

卷五十二　列傳第二

后妃下

卷五十七　列傳第七

卷五十八　列傳第八

卷五十九　列傳第九

卷六十　列傳第十

卷六十二　列傳第十二

卷六十九　列傳第十九

卷七十　列傳第二十

卷七十一　列傳第二十一

卷七十二　列傳第二十二

卷七十六　列傳第二十六

太宗諸子

卷七十七　列傳第二十七

卷八十二　列傳第三十二

卷八十三　列傳第三十三

卷八十四　列傳第三十四

卷八十五　列傳第三十五

卷九十八　列傳第四十八

卷九十九　列傳第四十九

卷一百　列傳第五十

卷一百一　列傳第五十一

卷一百二　列傳第五十二

卷一百三　列傳第五十三

卷一百四　列傳第五十四

卷一百五　列傳第五十五

卷一百一十二 列傳第六十二

卷一百一十三 列傳第六十三

卷一百一十四 列傳第六十四

卷一百三十四　列傳第八十四

卷一百三十五　列傳第八十五

卷一百三十六　列傳第八十六

卷一百三十七　列傳第八十七

卷一百三十八　列傳第八十八

卷一百四十五　列傳第九十五

卷一百四十六　列傳第九十六

卷一百四十七　列傳第九十七

卷一百四十八　列傳第九十八

卷一百四十九　列傳第九十九

卷一百五十 列傳第一百

德宗順宗諸子

卷一百五十一 列傳第一百一

卷一百五十二 列傳第一百二

卷一百五十五　列傳第一百五

卷一百五十六　列傳第一百六

卷一百五十七 列傳第一百七

卷一百五十八 列傳第一百八

卷一百五十九 列傳第一百九

卷一百六十 列傳第一百一十

卷一百六十一 列傳第一百一十一

卷一百六十二　列傳第一百一十二

卷一百六十三　列傳第一百一十三

卷一百六十四　列傳第一百一十四

卷一百六十五　列傳第一百一十五

卷一百七十六　列傳第一百二十六

卷一百七十七　列傳第一百二十七

卷一百八十三 列傳第一百三十三

外戚

卷一百八十四 列傳第一百三十四

宦官

卷一百八十五上 列傳第一百三十五上

良吏上

卷一百八十五下 列傳第一百三十五下

良吏下

卷一百八十六上　列傳第一百三十六上

酷吏上

卷一百八十六下　列傳第一百三十六下

酷吏下

卷一百八十七上　列傳第一百三十七上

忠義上

卷一百八十七下　列傳第一百三十七下

忠義下

卷一百八十九上 列傳第一百三十九上

儒學上

卷一百八十九下　列傳第一百三十九下

儒學下

卷一百九十上　列傳第一百四十上

文苑上

卷一百九十中　列傳第一百四十中

文苑中

卷一百九十下　列傳第一百四十下

文苑下

卷一百九十一　列傳第一百四十一

卷一百九十九上　列傳第一百四十九上

東夷

卷一百九十九下　列傳第一百四十九下

北狄

卷二百上　列傳第一百五十上

舊唐書卷一

本紀第一

高祖

高祖神堯大聖大光孝皇帝姓李氏，諱淵。其先隴西狄道人，涼武昭王暠七代孫也。暠生歆。歆生重耳，仕魏爲弘農太守。重耳生熙，爲金門鎮將，領豪傑鎮武川，因家焉。儀鳳中，追尊宣皇帝。熙生天錫，仕魏爲幢主。大統中，贈司空。儀鳳中，追尊光皇帝。皇祖諱虎，後魏左僕射，封隴西郡公，與周文帝及太保李弼、大司馬獨孤信等以功參佐命，當時稱爲「八柱國家」，仍賜姓大野氏。周受禪，追封唐國公，諡曰襄。至隋文帝作相，還復本姓。武德初，追尊景皇帝，廟號太祖，陵曰永康。皇考諱昞，周安州總管、柱國大將軍，襲唐國公，諡曰仁。武德初，追尊元皇帝，廟號世祖，陵曰興寧。

高祖以周天和元年生於長安，七歲襲唐國公。及長，倜儻豁達，任性眞率，寬仁容衆，無貴賤咸得其歡心。隋受禪，補千牛備身。文帝獨孤皇后，卽高祖從母也，由是特見親愛，累轉譙、隴、岐三州刺史。有史世良者，善相人，謂高祖曰：「公骨法非常，必爲人主，願自愛，勿忘鄙言。」高祖頗以自負。

大業初，爲滎陽、樓煩二郡太守，徵爲殿內少監。九年，遷衞尉少卿。遼東之役，督運於懷遠鎭。及楊玄感反，詔高祖馳驛鎭弘化郡，兼知關右諸軍事。高祖歷試中外，素樹恩德，及是結納豪傑，衆多款附。時煬帝多所猜忌，人懷疑懼。會有詔徵高祖詣行在所，遇疾未謁。時甥王氏在後宮，帝問曰：「汝舅何遲？」王氏以疾對，帝曰：「可得死否？」高祖聞之益懼，因縱酒沉湎，納賄以混其迹焉。十一年，煬帝幸汾陽宮，命高祖往山西、河東黜陟討捕。師次龍門，賊帥母端兒帥衆數千薄於城下〔一〕。高祖從十餘騎擊之，所射七十發，皆應弦而倒，賊乃大潰。十二年，遷右驍衞將軍。

十三年，爲太原留守，郡丞王威、武牙郎將高君雅爲副〔二〕。羣賊蜂起，江都阻絕，太宗與晉陽令劉文靜首謀，勸舉義兵。俄而馬邑校尉劉武周據汾陽宮舉兵反，太宗與王威、高君雅將集兵討之。高祖乃命太宗與劉文靜及門下客長孫順德、劉弘基各募兵，旬日間衆且一萬，密遣使召世子建成及元吉于河東。威、君雅見兵大集，恐高祖爲變，相與疑懼，請高祖祈雨於晉祠，將爲不利。晉陽鄉長劉世龍知之，以告高祖，高祖陰爲之備。五月甲子，高祖與威、君雅視事，太宗密嚴兵於外，以備非常。遣開陽府司馬劉政會告威等謀反，卽斬之以徇，遂起義兵。甲戌，遣劉文靜使於突厥始畢可汗，令率兵相應。

六月甲申，命太宗將兵徇西河，下之。癸巳，建大將軍府，并置三軍，分爲左右：以世子建成爲隴西公、左領大都督，左統軍隸焉；太宗爲燉煌公、右領大都督，右統軍隸焉。裴寂爲大將軍府長史，劉文靜爲司馬，石艾縣長殷開山爲掾，劉政會爲屬，長孫順德、劉弘基、竇琮等分爲左右統軍。開倉庫以賑窮乏，遠近響應。

秋七月壬子，高祖率兵西圖關中，以元吉爲鎭北將軍、太原留守。癸丑，發自太原，有兵三萬。丙辰，師次靈石縣，營於賈胡堡。隋武牙郎將宋老生屯霍邑以拒義師。會霖雨積旬，餽運不給，高祖命旋師，太宗切諫乃止。有白衣老父詣軍門曰：「余爲霍山神使謁唐皇帝曰：『八月雨止，路出霍邑東南，吾當濟師。』」高祖曰：「此神不欺趙無恤，豈負我哉！」

八月辛巳，高祖引師趨霍邑，斬宋老生，平霍邑。丙戌，進下臨汾郡及絳郡。癸巳，至龍門，突厥始畢可汗遣康稍利率兵五百人、馬二千匹，與劉文靜會于麾下。隋驍衞大將軍屈突通鎭河東，津梁斷絕，關中向義者頗以爲阻。河東水濱居人，競進舟楫，不謀而至，前後數百人。

九月壬寅，馮翊賊帥孫華、土門賊帥白玄度各率其衆送款，并具舟楫以待義師。高祖令華與統軍王長諧、劉弘基引兵渡河。屈突通遣其武牙郎將桑顯和率衆數千，夜襲長諧，義師不利。太宗以游騎數百掩其後，顯和潰散，義軍復振。丙辰，馮翊太守蕭造以郡來降。戊午，高祖親率衆圍河東，屈突通自守不出，乃命攻城，不利而還。文武將吏請高祖領太尉，加置僚佐，從之。華陰令李孝常以永豐倉來降。庚申，高祖率軍濟河，舍于長春宮。三秦士庶至者日以千數，高祖禮之，咸過所望，人皆喜悅。丙寅，遣隴西公建成、司馬劉文靜屯兵永豐倉，兼守潼關，以備他盜。太宗率劉弘基、長孫順德等前後數萬人，自渭北徇三輔，所至皆下。高祖從父弟神通起兵鄠縣，柴氏婦舉兵於司竹，至是幷與太宗會。郿縣賊帥丘師利、李仲文，盩厔賊帥何潘仁等，合衆數萬來降。乙亥，命太宗自渭汭屯兵阿城，隴西公建成自新豐趣霸上。高祖率大軍自下邽西上，經煬帝行宮園苑，悉罷之，宮女放還親屬。

冬十月辛巳，至長樂宮，有衆二十萬。京師留守刑部尚書衞文昇、右翊衞將軍陰世師、京兆郡丞滑儀挾代王侑以拒義師。高祖遣使至城下，諭以匡復之意，再三皆不報。諸將固請圍城。十一月丙辰，攻拔京城。衞文昇先已病死，以陰世師、滑儀等拒義兵，竝斬之。癸亥，率百僚，備法駕，立代王侑爲天子，遙尊煬帝爲太上皇，大赦，改元爲義寧。甲子，隋帝詔加高祖假黃鉞、使持節、大都督內外諸軍事、大丞相，進封唐王，總錄萬機。以武德殿爲丞相府，改教爲令。以隴西公建成爲唐國世子；太宗爲京兆尹，改封秦公；姑臧公元吉爲齊公。

十二月癸未，丞相府置長史、司錄已下官僚。金城賊帥薛舉寇扶風，命太宗爲元帥擊之。遣趙郡公孝恭招慰山南，所至皆下。癸巳，太宗大破薛舉之衆於扶風。屈突通自潼關奔東都，劉文靜等追擒於閿鄉，虜其衆數萬。河池太守蕭瑀以郡降。丙午，遣雲陽令詹俊、武功縣正李仲衮徇巴蜀，下之。

二年春正月戊辰，世子建成爲撫寧大將軍〔三〕、東討元帥，太宗爲副，總兵七萬，徇地東都。二月，清河賊帥竇建德僭稱長樂王。吳興人沈法興據丹陽起兵。三月丙辰，右屯衞將軍宇文化及弒隋太上皇於江都宮，立秦王浩爲帝，自稱大丞相。徙封太宗爲趙國公。戊辰，隋帝進高祖相國，總百揆，備九錫之禮。唐國置丞相以下，立皇高祖已下四廟於長安通義里第。

夏四月辛卯，停竹使符，頒銀菟符於諸郡。戊戌，世子建成及太宗自東都班師。五月乙巳，天子詔高祖冕十有二旒，建天子旌旗，出警入蹕。王后、王女爵命之號，一遵舊典。戊午，隋帝詔曰：

天禍隋國，大行太上皇遇盜江都，酷甚望夷，釁深驪北。憫予小子，奄造丕愆，哀號永感，心情糜潰。仰惟荼毒，仇復靡申，形影相弔，罔知啓處。相國唐王，膺期命世，扶危拯溺，自北徂南，東征西怨。致九合於諸侯，決百勝於千里。糾率夷夏，大庇甿黎，保乂朕躬，繄王是賴。德侔造化，功格蒼旻，兆庶歸心，曆數斯在，屈爲人臣，載違天命。在昔虞、夏，揖讓相推，苟非重華，誰堪命禹。當今九服崩離，三靈改卜，大運去矣，請避賢路。兆謀布德，顧己莫能，私僮命駕，須歸藩國。予本代王，及予而代，天之所廢，豈其如是！庶憑稽古之聖，以誅四凶；幸値惟新之恩，預充三恪。雪冤恥於皇祖，守禋祀爲孝孫，朝聞夕殞，及泉無恨。今遵故事，遜于舊邸，庶官羣辟，改事唐朝。宜依前典，趨上尊號，若釋重負，感泰兼懷。假手眞人，俾除醜逆，濟濟多士，明知朕意。仍敕有司，凡有表奏，皆不得以聞。

遣使持節、兼太保、刑部尙書、光祿大夫、梁郡公蕭造，兼太尉、司農少卿裴之隱奉皇帝璽綬于高祖。高祖辭讓，百僚上表勸進，至于再三，乃從之。隋帝遜于舊邸。改大興殿爲太極殿。

甲子，高祖卽皇帝位於太極殿，命刑部尙書蕭造兼太尉，告於南郊，大赦天下，改隋義寧二年爲唐武德元年。官人百姓，賜爵一級。義師所行之處，給復三年。罷郡置州，改太守爲刺史。丁卯，宴百官于太極殿，賜帛有差。東都留守官共立隋越王侗爲帝。壬申，命相國長史裴寂等修律令。

六月甲戌，太宗爲尚書令，相國府長史裴寂爲尚書右僕射，相國府司馬劉文靜爲納言，隋民部尚書蕭瑀、相國府司錄竇威並爲內史令。廢隋大業律令，頒新格。己卯，備法駕，迎皇高祖宣簡公已下神主，祔於太廟。追諡妃竇氏爲太穆皇后，陵曰壽安。庚辰，立世子建成爲皇太子。封太宗爲秦王，齊國公元吉爲齊王。封宗室蜀國公孝基爲永安王，柱國道玄爲淮陽王，長平公叔良爲長平王，鄭國公神通爲永康王，安吉公神符爲襄邑王，柱國德良爲長樂王〔四〕，上開府道素爲竟陵王，上柱國博乂爲隴西王，奉慈爲渤海王。諸州總管加號使持節。癸未，封隋帝爲酅國公。薛舉寇涇州，命秦王爲西討元帥征之。改封永康王神通爲淮安王。壬辰，加秦王雍州牧，餘官如故。辛丑，內史令竇威卒。

秋七月丙午，刑部尚書蕭造爲太子太保。追封皇子玄霸爲衞王。西突厥遣使內附。秦王與薛舉大戰於涇州，我師敗績。

八月壬午，薛舉死，其子仁杲復僭稱帝，命秦王爲元帥以討之。丁亥，詔曰：「隋太常卿高熲、上柱國賀若弼，並抗節不阿，矯枉無撓；司隸大夫薛道衡、刑部尚書宇文弢、左翊衞將軍董純，並懷忠抱義，以陷極刑；宜從褒飾，以慰泉壤。熲可贈上柱國、郯國公，弼贈上柱國、杞國公，各令有司加諡；道衡贈上開府、臨河縣公，弢贈上開府、平昌縣公，純贈柱國、狄道縣公。」又詔曰：「隋右驍衞大將軍李金才、左光祿大夫李敏，並鼎族高門，元功世胄，橫受屠殺，朝野稱寃。然李氏將興，天祚有應，冥契深隱，妄肆誅夷。朕受命君臨，志存刷蕩，申寃旌善，無忘寤寐。金才可贈上柱國、申國公，敏可贈柱國、觀國公。又前代酷濫，子孫被流者，並放還鄉里。」涼州賊帥李軌以其地來降，拜涼州總管，封涼王。

九月乙巳，親錄囚徒，改銀菟符爲銅魚符。辛未，追謚隋太上皇爲煬帝。宇文化及至魏州，鴆殺秦王浩，僭稱天子，國號許。

冬十月壬申朔，日有蝕之。李密率衆來降。封皇從父弟襄武公琛爲襄武王，黃臺公瑗爲廬江王。癸巳，詔行傅仁均所造戊寅曆。

十一月己酉，以京師穀貴，令四面入關者，車馬牛驢各給課米，充其自食。秦王大破薛仁杲於淺水原，降之，隴右平。乙巳，涼王李軌僭稱天子於涼州。詔頒五十三條格，以約法緩刑。

十二月壬申，加秦王太尉、陝東道大行臺。丁丑，封上柱國李孝常爲義安王。庚子，李密反於桃林，行軍總管盛彥師追討斬之。

二年春正月乙卯，初令文官遭父母喪者聽去職。黃門侍郎陳叔達兼納言。

二月丙戌，詔天下諸宗人無職任者，不在徭役之限，每州置宗師一人，以相統攝。丁酉，竇建德攻宇文化及于聊城，斬之，傳首突厥。

閏月辛丑，劉武周侵我并州。己酉，李密舊將徐世勣以黎陽之衆及河南十郡降，授黎州總管，封曹國公，賜姓李氏。庚戌，上微行都邑，以察甿俗，卽日還宮。甲寅，賊帥朱粲殺我使散騎常侍段確，奔洛陽。

夏四月乙巳，王世充篡越王侗位，僭稱天子，國號鄭。辛亥，李軌爲其僞尙書安興貴所執以降，河右平。突厥始畢可汗死。

五月己卯，酅國公薨，追崇爲隋帝，謚曰恭。

六月戊戌，令國子學立周公、孔子廟，四時致祭，仍博求其後。癸亥，尙書右僕射裴寂爲晉州道行軍總管，以討劉武周。

秋七月壬申，置十二軍，以關內諸府分隸焉。王世充遣其將羅士信侵我穀州，士信率其衆來降。西突厥葉護可汗及高昌並遣使朝貢。

九月辛未，賊帥李子通據江都，僭稱天子，國號吳。沈法興據毗陵，僭稱梁王。丁丑，和州賊帥杜伏威遣使來降，授和州總管、東南道行臺尙書令，封楚王。裴寂與劉武周將宋金剛戰於介州，我師敗績，右武衞大將軍姜寶誼死之。并州總管、齊王元吉懼武周所逼，奔於京師，并州陷。乙未，京師地震。

冬十月己亥，封幽州總管羅藝爲燕郡王，賜姓李氏。黄門侍郎楊恭仁爲納言。殺民部尚書、魯國公劉文靜。乙卯，秦王世民討劉武周，軍于蒲州，爲諸軍聲援。壬子，劉武周進圍晉州。甲子，上親祠華岳。

十一月丙子，竇建德陷黎陽，盡有山東之地。淮安王神通、左武候大將軍李世勣皆沒於賊。

十二月丙申，永安王孝基、工部尚書獨孤懷恩、總管于筠爲劉武周將宋金剛掩襲，並沒焉。甲辰，狩于華山。壬子，大風拔木。

三年春正月辛巳，幸蒲州，命祀舜廟。癸巳，至自蒲州。甲午，李世勣於竇建德所自拔歸國。建德僭稱夏王。

二月丁酉，京師西南地有聲如山崩。庚子，幸華陰。工部尚書獨孤懷恩謀反，伏誅。

三月癸酉，西突厥葉護可汗、高昌王麴伯雅遣使朝貢。突厥貢條支巨鳥。己卯，改納言爲侍中，內史令爲中書令，給事郎爲給事中。甲戌，內史侍郎封德彝兼中書令。封賊帥劉孝眞爲彭城王，賜姓李氏。

夏四月壬寅，至自華陰。於益州置行臺尚書省。甲寅，加秦王益州道行臺尚書令。秦王大破宋金剛於介州，金剛與劉武周俱奔突厥，遂平并州。僞總管尉遲敬德、尋相以介州降。

六月壬辰，徙封楚王杜伏威爲吳王，賜姓李氏，加授東南道行臺尚書令。丙午，親錄囚徒。封皇子元景爲趙王，元昌爲魯王，元亨爲酆王；皇孫承宗爲太原王，承道爲安陸王，承乾爲恆山王，恪爲長沙王，泰爲宜都王。

秋七月壬戌，命秦王率諸軍討王世充。遣皇太子鎮蒲州，以備突厥。丙申，突厥殺劉武周於白道。

冬十月庚子，懷戎賊帥高開道遣使降，授蔚州總管，封北平郡王，賜姓李氏。

四年春正月丁卯，竇建德行臺尚書令胡大恩以大安鎮來降，封定襄郡王，賜姓李氏。辛巳，命皇太子總統諸軍討稽胡。

三月，徙封宜都王泰爲衞王。竇建德來援王世充，攻陷我管州。

夏四月甲寅，封皇子元方爲周王，元禮爲鄭王，元嘉爲宋王，元則爲荆王，元茂爲越王。初置都護府官員。

五月己未，秦王大破竇建德之衆於武牢，擒建德，河北悉平。丙寅，王世充舉東都降，河南平。

秋七月甲子，秦王凱旋，獻俘於太廟。丁卯，大赦天下。廢五銖錢，行開元通寶錢。斬竇建德於市；流王世充於蜀，未發，爲讎人所害。甲戌，建德餘黨劉黑闥據漳南反〔五〕。置山東道行臺尚書省於洛州。

八月，兗州總管徐圓朗舉兵反，以應劉黑闥，僭稱魯王。

冬十月己丑，加秦王天策上將，位在王公上，領司徒、陝東道大行臺尚書令；齊王元吉爲司空。乙巳，趙郡王孝恭平荆州，獲蕭銑。

十一月甲申，於洛州置大行臺，廢洛州都督府。庚寅，焚東都紫微宮乾陽殿。會稽賊帥李子通以其地來降。

十二月丁卯，命秦王及齊王元吉討劉黑闥。壬申，徙封宋王元嘉爲徐王。

五年春正月丙申，劉黑闥據洺州，僭稱漢東王。

三月丁未，秦王破劉黑闥於洺水上，盡復所陷州縣，黑闥亡奔突厥。蔚州總管、北平王高開道叛，寇易州。

夏四月庚戌，秦王還京師，高祖迎勞於長樂宮。壬申，代州總管、定襄郡王大恩爲虜所敗，戰死。

六月，劉黑闥引突厥寇山東。置諫議大夫官員。

秋七月丁亥，吳王伏威來朝。隋漢陽太守馮盎以南越之地來降，嶺表悉定。

八月辛亥，以洺、荆、并、幽、交五州爲大總管府。改封恆山王承乾爲中山王。葬隋煬帝於揚州。丙辰，突厥頡利寇雁門。己未，進寇朔州。遣皇太子及秦王討擊，大敗之。

冬十月癸酉，遣齊王元吉擊劉黑闥於洺州。時山東州縣多爲黑闥所守，所在殺長吏以應之。行軍總管、淮陽王道玄與黑闥戰于下博，道玄敗沒。

十一月甲申，命皇太子率兵討劉黑闥。丙申，幸宜州，簡閱將士。

十二月丙辰，校獵於華池。庚申，至自宜州。皇太子破劉黑闥於魏州，斬之，山東平。

六年春正月，吳王杜伏威爲太子太保。

二月辛亥，校獵於驪山。

三月乙未，幸昆明池，宴百官。

夏四月己未，舊宅改爲通義宮，曲赦京城繫囚，於是置酒高會，賜從官帛各有差。癸酉，以尚書右僕射、魏國公裴寂爲左僕射，中書令、宋國公蕭瑀爲右僕射，侍中、觀國公楊恭仁爲吏部尚書。

秋七月，突厥頡利寇朔州，遣皇太子及秦王屯并州以備之。

八月壬子，東南道行臺僕射輔公祏據丹陽反，僭稱宋王，遣趙郡王孝恭及嶺南道大使、永康縣公李靖討之。丙寅，吐谷渾內附。

九月丙子，突厥退，皇太子班師。改東都爲洛州。高開道引突厥寇幽州。

冬十月，幸華陰。

十一月，校獵於沙苑。

十二月乙巳，以奉義監爲龍躍宮，武功宅爲慶善宮。甲寅，至自華陰。

七年春正月己酉，封高麗王高武爲遼東郡王，百濟王扶餘璋爲帶方郡王，新羅王金眞平爲樂浪郡王。

二月，高開道爲部將張金樹所殺，以其地降。丁巳，幸國子學，親臨釋奠。改大總管府爲大都督府。吳王伏威薨。

三月戊寅，廢尚書省六司侍郎，增吏部郎中秩正四品，掌選事。戊戌，趙郡王孝恭大破輔公祏，擒之，丹陽平。

夏四月庚子，大赦天下，頒行新律令。以天下大定，詔遭父母喪者聽終制。

五月，造仁智宮於宜州之宜君縣。李世勣討徐圓朗，平之。

六月辛丑，幸仁智宮。

秋七月甲午，至自仁智宮。巂州地震山崩，江水咽流。

八月戊辰，突厥寇幷州，京師戒嚴。壬午，突厥退。乙未，京師解嚴。

冬十月丁卯，幸慶善宮。癸酉，幸終南山，謁老子廟。

十一月戊辰，校獵於高陵。庚午，至自慶善宮。

八年春二月己巳，親錄囚徒，多所原宥。

夏四月，造太和宮於終南山。

六月甲子，幸太和宮。突厥寇定州，命皇太子往幽州，秦王往幷州，以備突厥。

八月，幷州道總管張公謹與突厥戰於太谷，王師敗績，中書令温彥博沒於賊。九月，突厥退。

冬十月辛巳，幸周氏陂校獵，因幸龍躍宮。

十一月辛卯，幸宜州。庚子，講武於同官縣。改封蜀王元軌爲吳王，漢王元慶爲陳王。

加授秦王中書令，齊王元吉侍中。天策上將府司馬宇文士及權檢校侍中。
　十二月辛酉，至自宜州。

九年春正月丙寅，命州縣修城隍，備突厥。尚書左僕射、魏國公裴寂爲司空。
二月庚申，加齊王元吉爲司徒。戊寅，親祠社稷。
三月辛卯，幸昆明池。
夏五月辛巳，以京師寺觀不甚清淨，詔曰：
　釋迦闡教，清淨爲先，遠離塵垢，斷除貪慾。所以弘宣勝業，修植善根，開導愚迷，津梁品庶。是以敷演經教，檢約學徒，調懺身心，捨諸染著，衣服飲食，咸資四輩。
　自覺王遷謝，像法流行，末代陵遲，漸以虧濫。乃有猥賤之侶，規自尊高；浮惰之人，苟避徭役。妄爲剃度，託號出家，嗜慾無厭，營求不息。出入閭里，周旋闤闠，驅策田產，聚積貨物。耕織爲生，估販成業，事同編戶，迹等齊人。進違戒律之文，退無禮典之訓。至乃親行劫掠，躬自穿窬，造作妖訛，交通豪猾。每罹憲網，自陷重刑，黷亂眞如，傾毀妙法。譬兹稂莠，有穢嘉苗；類彼淤泥，混夫清水。又伽藍之地，本曰淨居，栖心之所，理尙幽寂。近代以來，多立寺舍，不求閑曠之境，唯趣喧雜之方。繕采崎嶇，棟宇殊拓，錯舛隱匿，誘納姦邪。或有接延鄽邸，鄰近屠酤，埃塵滿室，羶腥盈道。徒長輕慢之心，有虧崇敬之義。且老氏垂化，本貴沖虛〔六〕，養志無爲，遺情物外。全眞守一，是謂玄門，驅馳世務，尤乖宗旨。

朕膺期馭宇，興隆敎法，志思利益，情在護持。欲使玉石區分，薰蕕有辨，長存妙道，永固福田，正本澄源，宜從沙汰。諸僧、尼、道士、女冠等，有精勤練行、守戒律者，並令大寺觀居住，給衣食，勿令乏短。其不能精進、戒行有闕、不堪供養者，並令罷遣，各還桑梓。所司明爲條式，務依法敎，違制之事，悉宜停斷。京城留寺三所，觀二所。其餘天下諸州，各留一所。餘悉罷之。

事竟不行。

六月庚申，秦王以皇太子建成與齊王元吉同謀害己，率兵誅之。詔立秦王爲皇太子，繼統萬機，大赦天下。

八月癸亥，詔傳位于皇太子。尊帝爲太上皇，徙居弘義宮，改名太安宮。

貞觀八年三月甲戌，高祖讌西突厥使者於兩儀殿，顧謂長孫無忌曰：「當今蠻夷率服，古未嘗有。」無忌上千萬歲壽。高祖大悅，以酒賜太宗。太宗又奉觴上壽，流涕而言曰：「百姓獲安，四夷咸附，皆奉遵聖旨，豈臣之力！」於是太宗與文德皇后互進御膳，并上服御衣物，一同家人常禮。是歲，閱武於城西，高祖親自臨視，勞將士而還。置酒於未央宮，三品已上咸侍。高祖命突厥頡利可汗起舞，又遣南越酋長馮智戴詠詩，既而笑曰：「胡、越一家，自古未之有也。」太宗奉觴上壽曰：「臣早蒙慈訓，教以文道；爰從義旗，平定京邑。重以薛舉、武周、世充、建德，皆上稟睿算，幸而剋定。三數年間，混一區宇。天慈崇寵，遂蒙重任。今上天垂祐，時和歲阜，被髮左衽，並爲臣妾。此豈臣智力，皆由上稟聖算。」高祖大悅，羣臣皆呼萬歲，極夜方罷。

九年五月庚子，高祖大漸，下詔：「既殯之後，皇帝宜於別所視軍國大事。其服輕重，悉從漢制，以日易月。園陵制度，務從儉約。」是日，崩於太安宮之垂拱前殿，年七十。羣臣上謚曰大武皇帝，廟號高祖。十月庚寅，葬於獻陵。高宗上元元年八月，改上尊號曰神堯皇帝。天寶十三載二月，上尊號神堯大聖大光孝皇帝。

史臣曰：有隋季年，皇圖板蕩，荒主燀燎原之焰，羣盜發逐鹿之機，殄暴無厭，橫流靡救。高祖審獨夫之運去，知新主之勃興，密運雄圖，未伸龍躍。而屈己求可汗之援，卑辭答李密之書，決神機而速若疾雷，驅豪傑而從如偃草。洎謳謠允屬，揖讓受終，刑名大剗于煩苛，爵位不踰於藹軸。由是攫金有恥，伏莽知非，人懷漢道之寬平，不責高皇之慢罵。然而優柔失斷，浸潤得行，誅文靜則議法不從，酬裴寂則曲恩太過。姦佞由之貝錦，嬖幸得以掇蜂。獻公遂間於申生，小白寧懷於召忽。一旦兵交愛子，矢集申孫。匈奴尋犯於便橋，京邑咸憂於左衽。不有聖子，王業殆哉！

贊曰：高皇創圖，勢若摧枯。國運神武，家難聖謨。言生牀笫，禍切肌膚。鴟鴞之詠，無損於吾。

校勘記

〔一〕母端兒　「母」字資治通鑑（以下簡稱通鑑）卷一八二作「毋」，胡注：「毋，音無，姓也。」

〔二〕高君雅爲副　「副」下各本原有「將」字，據冊府元龜（以下簡稱冊府）卷七刪。新唐書（以下簡稱新書）卷一高祖紀作「副留守」。

〔三〕撫寧大將軍　本書卷六四隱太子建成傳作「撫軍大將軍」。

〔四〕柱國德良爲長樂王　冊府卷二六五作「新興王德良武德初封」、「長樂王幼良武德初封」，通鑑卷一八五作「柱國德良爲新興王」。

〔五〕據漳南反　「南」字各本原無，據太平御覽（以下簡稱御覽）卷一〇八、新舊唐書合鈔（以下簡稱合鈔）

卷一高祖紀補。

〔六〕本貴沖虛 「貴」字各本原作「實」，據廣弘明集卷二五改。

舊唐書卷二

本紀第二

太宗上

太宗文武大聖大廣孝皇帝諱世民，高祖第二子也。母曰太穆順聖皇后竇氏。隋開皇十八年十二月戊午，生於武功之別館。時有二龍戲於館門之外，三日而去。高祖之臨岐州，太宗時年四歲。有書生自言善相，謁高祖曰：「公貴人也，且有貴子。」見太宗，曰：「龍鳳之姿，天日之表，年將二十，必能濟世安民矣。」高祖懼其言泄，將殺之，忽失所在，因採「濟世安民」之義以爲名焉。太宗幼聰睿，玄鑒深遠，臨機果斷，不拘小節，時人莫能測也。

大業末，煬帝於鴈門爲突厥所圍，太宗應募救援，隸屯衞將軍雲定興營。將行，謂定興曰：「必賫旗鼓以設疑兵。且始畢可汗舉國之師，敢圍天子，必以國家倉卒無援。我張軍容，令數十里幡旗相續，夜則鉦鼓相應，虜必謂救兵雲集，望塵而遁矣。不然，彼衆我寡，悉軍來戰，必不能支矣。」定興從焉。師次崞縣，突厥候騎馳告始畢曰：「王師大至。」由是解圍而遁。及高祖之守太原，太宗時年十八。有高陽賊帥魏刀兒，自號歷山飛，來攻太原，高祖擊之，深入賊陣。太宗以輕騎突圍而進，射之，所向皆披靡，拔高祖於萬衆之中。適會步兵至，高祖與太宗又奮擊，大破之。

時隋祚已終，太宗潛圖義舉，每折節下士，推財養客，羣盜大俠，莫不願効死力。及義兵起，乃率兵略徇西河，克之。拜右領大都督，右三軍皆隸焉，封燉煌郡公。

大軍西上賈胡堡，隋將宋老生率精兵二萬屯霍邑，以拒義師。會久雨糧盡，高祖與裴寂議，且還太原，以圖後舉。太宗曰：「本興大義以救蒼生，當須先入咸陽，號令天下；遇小敵即班師，將恐從義之徒一朝解體。還守太原一城之地，此爲賊耳，何以自全！」高祖不納，促令引發。太宗遂號泣於外，聲聞帳中。高祖召問其故，對曰：「今兵以義動，進戰則必克，退還則必散。衆散於前，敵乘於後，死亡須臾而至，是以悲耳。」高祖乃悟而止。八月己卯，雨霽，高祖引師趣霍邑。太宗恐老生不出戰，乃將數騎先詣其城下，舉鞭指麾，若將圍城者，以激怒之。老生果怒，開門出兵，背城而陣。高祖與建成合陣於城東，太宗及柴紹陣於城南。老生麾兵疾進，先薄高祖，而建成墜馬，老生乘之，高祖與建成軍咸卻。太宗自南原率二騎馳下峻坂，衝斷其軍，引兵奮擊，賊衆大敗，各捨仗而走。懸門發，老生引繩欲上，遂斬之，平霍邑。

至河東，關中豪傑爭走赴義。太宗請進師入關，取永豐倉以賑窮乏，收羣盜以圖京師，高祖稱善。太宗以前軍濟河，先定渭北。三輔吏民及諸豪猾詣軍門請自効者日以千計，扶老攜幼，滿於麾下。收納英俊，以備僚列，遠近聞者，咸自託焉。師次于涇陽，勝兵九萬，破胡賊劉鷂子，幷其衆。留殷開山、劉弘基屯長安故城。太宗自趣司竹，賊帥李仲文、何潘仁、向善志等皆來會，頓于阿城，獲兵十三萬。長安父老齎牛酒詣旌門者不可勝紀，勞而遣之，一無所受。軍令嚴肅，秋毫無所犯。尋與大軍平京城。高祖輔政，受唐國內史，改封秦國公。會薛舉以勁卒十萬來逼渭濱，太宗親擊之，大破其衆，追斬萬餘級，略地至于隴坻。

義寧元年十二月，復爲右元帥，總兵十萬徇東都。及將旋，謂左右曰：「賊見吾還，必相追躡。」設三伏以待之。俄而隋將段達率萬餘人自後而至，度三王陵，發伏擊之，段達大敗，追奔至于城下。因於宜陽、新安置熊、穀二州，戍之而還。徙封趙國公。高祖受禪，拜尚書令、右武候大將軍，進封秦王，加授雍州牧。

武德元年七月，薛舉寇涇州，太宗率衆討之，不利而旋。九月，薛舉死，其子仁杲嗣立。太宗又爲元帥以擊仁杲，相持於折墌城，深溝高壘者六十餘日。賊衆十餘萬，兵鋒甚銳，數來挑戰，太宗按甲以挫之。賊糧盡，其將牟君才、梁胡郎來降。太宗謂諸將軍曰：「彼氣衰矣，吾當取之。」遣將軍龐玉先陣於淺水原南以誘之，賊將宗羅睺併軍來拒，玉軍幾敗。既而太宗親御大軍，奄自原北，出其不意。羅睺望見，復迴師相拒。太宗將驍騎數十入賊陣，於是王師表裏齊奮，羅睺大潰，斬首數千級，投澗谷而死者不可勝計。太宗率左右二十餘騎追奔，直趣折墌以乘之。仁杲大懼，嬰城自守。將夕，大軍繼至，四面合圍。詰朝，仁杲請降，俘其精兵萬餘人、男女五萬口。

既而諸將奉賀，因問曰：「始大王野戰破賊，其主尚保堅城，王無攻具，輕騎騰逐，不待步兵，徑薄城下，咸疑不克，而竟下之，何也？」太宗曰：「此以權道迫之，使其計不暇發，以故克也。羅睺恃往年之勝，兼復養銳日久，見吾不出，意在相輕。今喜吾出，悉兵來戰，雖擊破之，擒殺蓋少。若不急躡，還走投城，仁杲收而撫之，則便未可得矣。且其兵衆皆隴西人，一敗披退，不及迴顧，敗歸隴外，則折墌自虛，我軍隨而迫之，所以懼而降也。此可謂成算，諸君盡不見耶？」諸將曰：「此非凡人所能及也。」獲賊兵精騎甚衆，還令仁杲兄弟及賊帥宗羅睺、翟長孫等領之。太宗與之遊獵馳射，無所間然。賊徒荷恩懾氣，咸願効死。時李密初附，高祖令密馳傳迎太宗於豳州。密見太宗天姿神武，軍威嚴肅，驚悚歎服，私謂殷開山曰：「眞英主也。不如此，何以定禍亂乎？」凱旋，獻捷於太廟。拜太尉、陝東道行臺尚書令，鎭長春宮，關東兵馬並受節度。尋加左武候大將軍、涼州總管。

宋金剛之陷澮州也，兵鋒甚銳。高祖以王行本尙據蒲州，呂崇茂反於夏縣，晉、澮二州相繼陷沒，關中震駭，乃手敕曰：「賊勢如此，難與爭鋒，宜棄河東之地，謹守關西而已。」太宗上表曰：「太原王業所基，國之根本，河東殷實，京邑所資。若舉而棄之，臣竊憤恨。願假精兵三萬，必能平殄武周，克復汾、晉。」高祖於是悉發關中兵以益之，又幸長春宮親送太宗。

二年十一月，太宗率衆趣龍門關，履冰而渡之，進屯柏壁，與賊將宋金剛相持。尋而永安王孝基敗於夏縣，于筠、獨孤懷恩、唐儉並爲賊將尋相、尉遲敬德所執，將還澮州。太宗遣殷開山、秦叔寶邀之於美良川，大破之，相等僅以身免，悉虜其衆，復歸柏壁。於是諸將咸請戰，太宗曰：「金剛懸軍千里，深入吾地，精兵驍將，皆在於此。武周據太原，專倚金剛以爲捍。士卒雖衆，內實空虛，意在速戰。我堅營蓄銳以挫其鋒，糧盡計窮，自當遁走。」

三年二月，金剛竟以衆餒而遁，太宗追之至介州。金剛列陣，南北七里，以拒官軍。太宗遣總管李世勣、程嶬金、秦叔寶當其北，翟長孫、秦武通當其南。諸軍戰小卻，爲賊所乘。太宗率精騎擊之，衝其陣後，賊衆大敗，追奔數十里。敬德、相率衆八千來降，還令敬德督之，與軍營相參。屈突通懼其爲變，驟以爲請。太宗曰：「昔蕭王推赤心置人腹中，並能畢命，今委任敬德，又何疑也。」於是劉武周奔於突厥，并、汾悉復舊地。詔就軍加拜益州道行臺尙書令。

七月，總率諸軍攻王世充於洛邑，師次穀州。世充率精兵三萬陣於慈澗，太宗以輕騎挑之。時衆寡不敵，陷於重圍，左右咸懼。太宗命左右先歸，獨留後殿。世充驍將單雄信數百騎夾道來逼，交搶競進，太宗幾爲所敗。太宗左右射之，無不應弦而倒，獲其大將燕頎。世充乃拔慈澗之鎮歸於東都。太宗遣行軍總管史萬寶自宜陽南據龍門，劉德威自太行東圍河內，王君廓自洛口斷賊糧道。又遣黃君漢夜從孝水河中下舟師襲迴洛城，克之。黃河已南，莫不響應，城堡相次來降。大軍進屯邙山。九月，太宗以五百騎先觀戰地，卒與世充萬餘人相遇，會戰，復破之，斬首三千餘級，獲大將陳智略，世充僅以身免。其所署筠州總管楊慶遣使請降，遣李世勣率師出轘轅道安撫其衆。滎、汴、洧、豫九州相繼來降。世充遂求救於竇建德。

四年二月，又進屯青城宮。營壘未立，世充衆二萬自方諸門臨穀水而陣。太宗以精騎陣於北邙山，令屈突通率步卒五千渡水以擊之，因誡通曰：「待兵交卽放煙，吾當率騎軍南下。」兵纔接，太宗以騎衝之，挺身先進，與通表裏相應。賊衆殊死戰，散而復合者數焉。自辰及午，賊衆始退。縱兵乘之，俘斬八千人，於是進營城下。世充不敢復出，但嬰城自守，以待建德之援。太宗遣諸軍掘塹，匝布長圍以守之。吳王杜伏威遣其將陳正通、徐召宗率精兵二千來會於軍所。僞鄭州司馬沈悅以武牢降，將軍王君廓應之，擒其僞荆王王行本。

會竇建德以兵十餘萬來援世充，至于酸棗。蕭瑀、屈突通、封德彝皆以腹背受敵，恐非萬全，請退師穀州以觀之。太宗曰：「世充糧盡，內外離心，我當不勞攻擊，坐收其敝。建德新破孟海公，將驕卒惰，吾當進據武牢，扼其襟要。賊若冒險與我爭鋒，破之必矣。如其不戰，旬日間世充當自潰。若不速進，賊入武牢，諸城新附，必不能守。二賊併力，將若之何？」通又請解圍就險以候其變，太宗不許。於是留通輔齊王元吉以圍世充，親率步騎三千五百人趣武牢。

建德自滎陽西上，築壘於板渚，太宗屯武牢，相持二十餘日。諜者曰：「建德伺官軍芻盡，候牧馬於河北，因將襲武牢。」太宗知其謀，遂牧馬河北以誘之。詰朝，建德果悉衆而至，陳兵汜水，世充將郭士衡陣於其南，綿亙數里，鼓譟，諸將大懼。太宗將數騎升高丘以望之，謂諸將曰：「賊起山東，未見大敵。今度險而囂，是無政令；逼城而陣，有輕我心。我按兵不出，彼乃氣衰，陣久卒饑，必將自退，追而擊之，無往不克。吾與公等約，必以午時後破之。」建德列陣，自辰至午，兵士饑倦，皆坐列，又爭飲水，逡巡斂退。太宗曰：「可擊矣！」親率輕騎追而誘之，衆繼至。建德迴師而陣，未及整列，太宗先登擊之，所向皆靡。俄而衆軍合戰，囂塵四起。太宗率史大奈、程齩金、秦叔寶、宇文歆等揮幡而入，直突出其陣後，張我旗幟。賊顧見之，大潰。追奔三十里，斬首三千餘級，虜其衆五萬，生擒建德於陣。太宗數之曰：「我以干戈問罪，本在王世充，得失存亡，不預汝事，何故越境，犯我兵鋒？」建德股慄而言曰：「今若不來，恐勞遠取。」高祖聞而大悅，手詔曰：「隋氏分崩，崤函隔絕。兩雄合勢，一朝淸蕩。兵旣克捷，更無死傷。無愧爲臣，不憂其父，並汝功也。」

乃將建德至東都城下。世充懼，率其官屬二千餘人詣軍門請降，山東悉平。太宗入據宮城，令蕭瑀、竇軌等封守府庫，一無所取，令記室房玄齡收隋圖籍。於是誅其同惡段達等五十餘人，枉被囚禁者悉釋之，非罪誅戮者祭而誄之。大饗將士，班賜有差。高祖令尙書左僕射裴寂勞於軍中。

六月，凱旋。太宗親披黃金甲，陳鐵馬一萬騎，甲士三萬人，前後部鼓吹，俘二僞主及隋氏器物輦輅獻于太廟。高祖大悅，行飮至禮以享焉。高祖以自古舊官不稱殊功，乃別表徽號，用旌勳德。十月，加號天策上將、陝東道大行臺，位在王公上。增邑二萬戶，通前三萬戶。賜金輅一乘，袞冕之服，玉璧一雙，黃金六千斤，前後部鼓吹及九部之樂，班劍四十人。于時海內漸平，太宗乃銳意經籍，開文學館以待四方之士。行臺司勳郞中杜如晦等十有八人爲學士，每更直閣下，降以溫顏，與之討論經義，或夜分而罷。

未幾，竇建德舊將劉黑闥舉兵反，據洺州。十二月，太宗總戎東討。五年正月，進軍肥鄉，分兵絕其糧道，相持兩月。黑闥窘急求戰，率步騎二萬，南渡洺水，晨壓官軍。太宗親率精騎，擊其馬軍，破之，乘勝蹂其步卒，賊大潰，斬首萬餘級。先是，太宗遣堰洛水上流使淺，令黑闥得渡。及戰，乃令決堰，水大至，深丈餘，賊徒既敗，赴水者皆溺死焉。黑闥與二百餘騎北走突厥，悉虜其衆，河北平。時徐圓朗阻兵徐、兗，太宗迴師討平之，於是河、濟、江、淮諸郡邑皆平。十月，加左右十二衞大將軍。

七年秋，突厥頡利、突利二可汗自原州入寇〔一〕，侵擾關中。有說高祖云：「祇爲府藏子女在京師，故突厥來，若燒卻長安而不都，則胡寇自止。」高祖乃遣中書侍郎宇文士及行山南可居之地，卽欲移都。蕭瑀等皆以爲非，然終不敢犯顏正諫。太宗獨曰：「霍去病，漢廷之將帥耳，猶且志滅匈奴。臣忝備藩維，尙使胡塵不息，遂令陛下議欲遷都，此臣之責也。幸乞聽臣一申微効，取彼頡利。若一兩年間不係其頸，徐建移都之策，臣當不敢復言。」高祖怒，仍遣太宗將三十餘騎行剗。還日，固奏必不可移都，高祖遂止。八年，加中書令。

九年，皇太子建成、齊王元吉謀害太宗。六月四日，太宗率長孫無忌、尉遲敬德、房玄齡、杜如晦、宇文士及、高士廉、侯君集、程知節、秦叔寶、段志玄、屈突通、張士貴等於玄武門誅之。甲子，立爲皇太子，庶政皆斷決。太宗乃縱禁苑所養鷹犬，幷停諸方所進珍異，政尙簡肅，天下大悅。又令百官各上封事，備陳安人理國之要。己巳，令曰：「依禮，二名不偏諱。近代已來，兩字兼避，廢闕已多，率意而行，有違經典。其官號、人名、公私文籍，有『世民』兩字不連續者，並不須諱。」罷幽州大都督府。辛未，廢陝東道大行臺，置洛州都督府；廢益州道行臺，置益州大都督府。壬午，幽州大都督廬江王瑗謀逆，廢爲庶人。乙酉，罷天策府。

七月壬辰，太子左庶子高士廉爲侍中，右庶子房玄齡爲中書令，尚書右僕射蕭瑀爲尚書左僕射，吏部尚書楊恭仁爲雍州牧，太子左庶子長孫無忌爲吏部尚書，右庶子杜如晦爲兵部尚書，太子詹事宇文士及爲中書令，封德彝爲尚書右僕射。

八月癸亥，高祖傳位於皇太子，太宗即位於東宮顯德殿。遣司空、魏國公裴寂柴告于南郊。大赦天下。武德元年以來責情流配者並放還。文武官五品已上先無爵者賜爵一級，六品已下加勳一轉。天下給復一年。癸酉，放掖庭宮女三千餘人。甲戌，突厥頡利、突利寇涇州。乙亥，突厥進寇武功，京師戒嚴。丙子，立妃長孫氏爲皇后。己卯，突厥寇高陵。辛巳，行軍總管尉遲敬德與突厥戰於涇陽，大破之，斬首千餘級。癸未，突厥頡利至于渭水便橋之北，遣其酋帥執失思力入朝爲覘，自張形勢，太宗命囚之。親出玄武門，馳六騎幸渭水上，與頡利隔津而語，責以負約。俄而衆軍繼至，頡利見軍容既盛，又知思力就拘，由是大懼，遂請和，詔許焉。即日還宮。乙酉，又幸便橋，與頡利刑白馬設盟，突厥引退。

九月丙戌，頡利獻馬三千匹、羊萬口，帝不受，令頡利歸所掠中國戶口。丁未，引諸衞騎兵統將等習射于顯德殿庭，謂將軍已下曰：「自古突厥與中國，更有盛衰。若軒轅善用五兵，卽能北逐獯鬻；周宣驅馳方、召，亦能制勝太原。至漢、晉之君，逮於隋代，不使兵士素習干戈，突厥來侵，莫能抗禦，致遺中國生民塗炭於寇手。我今不使汝等穿池築苑，造諸淫費，農民恣令逸樂，兵士唯習弓馬，庶使汝鬬戰，亦望汝前無橫敵。」於是每日引數百人於殿前教射，帝親自臨試，射中者隨賞弓刀、布帛。朝臣多有諫者，曰：「先王制法，有以兵刃至御所者刑之，所以防萌杜漸，備不虞也。今引裨卒之人，彎弧縱矢於軒陛之側，陛下親在其間，正恐禍出非意，非所以爲社稷計也。」上不納。自是後，士卒皆爲精鋭。壬子，詔私家不得輒立妖神，妄設淫祀，非禮祠禱，一皆禁絶。其龜易五兆之外，諸雜占卜，亦皆停斷。長孫無忌封齊國公，房玄齡邢國公，尉遲敬德吳國公，杜如晦蔡國公，侯君集潞國公。

冬十月丙辰朔，日有蝕之。癸亥，立中山王承乾爲皇太子。癸酉，裴寂食實封一千五百戶，長孫無忌、王君廓、尉遲敬德、房玄齡、杜如晦一千三百戶，長孫順德、柴紹、羅藝、趙郡王孝恭一千二百戶，侯君集、張公謹、劉師立一千戶，李世勣、劉弘基九百戶，高士廉、宇文士及、秦叔寶、程知節七百戶，安興貴、安修仁、唐儉、竇軌、屈突通、蕭瑀、封德彝、劉義節六百戶，錢九隴、樊世興、公孫武達、李孟常、段志玄、龐卿惲、張亮、李藥師、杜淹、元仲文四百戶，張長遜、張平高、李安遠、李子和、秦行師、馬三寶三百戶。

十一月庚寅，降宗室封郡王者並爲縣公。

十二月癸酉，親錄囚徒。

是歲，新羅、龜茲、突厥、高麗、百濟、党項並遣使朝貢。

貞觀元年春正月乙酉，改元。辛丑，燕郡王李藝據涇州反，尋爲左右所斬，傳首京師。庚午，以僕射竇軌爲益州大都督。

三月癸巳，皇后親蠶。尚書左僕射、宋國公蕭瑀爲太子少師。丙午，詔：「齊故尚書僕射崔季舒、給事黃門侍郎郭遵、尚書右丞封孝琰等，昔仕鄴中，名位通顯，志存忠讜，抗表極言，無救社稷之亡，遂見龍逢之酷。其季舒子剛、遵子雲、孝琰子君遵，並以門遭時譴，淫刑濫及。宜從褒獎，特異常倫，可免內侍，量才別敍。」

夏四月癸巳，涼州都督、長樂王幼良有罪伏誅。

六月辛巳，尚書右僕射、密國公封德彝薨。壬辰，太子少師宋國公蕭瑀爲尚書左僕射〔二〕。

是夏，山東諸州大旱，令所在賑恤，無出今年租賦。

秋七月壬子，吏部尚書、齊國公長孫無忌爲尚書右僕射。

八月戊戌，貶侍中、義興郡公高士廉爲安州大都督。戶部尚書裴矩卒。是月，關東及河南、隴右沿邊諸州霜害秋稼。

九月辛酉，命中書侍郎温彥博、尚書右丞魏徵等分往諸州賑恤。中書令、鄅國公宇文士及爲殿中監。御史大夫、檢校吏部尚書、參預朝政、安吉郡公杜淹署位。

十二月壬午，上謂侍臣曰：「神仙事本虛妄，空有其名。秦始皇非分愛好，遂爲方士所詐，乃遣童男女數千人隨徐福入海求仙藥，方士避秦苛虐，因留不歸。始皇猶海側踟躕以待之，還至沙丘而死。漢武帝爲求仙，乃將女嫁道術人，事既無驗，便行誅戮。據此二事，神仙不煩妄求也。」尚書左僕射、宋國公蕭瑀坐事免。戊申，利州都督義安王孝常、右武衞將軍劉德裕等謀反，伏誅。

是歲，關中饑，至有鬻男女者。

二年春正月辛丑，尚書右僕射、齊國公長孫無忌爲開府儀同三司。徙封漢王恪爲蜀王，衞王泰爲越王，楚王祐爲燕王。復置六侍郎，副六尚書事，并置左右司郎中各一人。前安州大都督、趙王元景爲雍州牧，蜀王恪爲益州大都督，越王泰爲揚州大都督。

二月丙戌，靺鞨內屬。

三月戊申朔，日有蝕之。丁卯，遣御史大夫杜淹巡關內諸州。出御府金寶，贖男女自賣者還其父母。庚午，大赦天下。

夏四月己卯，詔骸骨暴露者，令所在埋瘞。丙申，契丹內屬。初詔天下州縣並置義倉。夏州賊帥梁師都爲其從父弟洛仁所殺，以城降。

五月，大雨雹。

六月庚寅，皇子治生，宴五品以上，賜帛有差，仍賜天下是日生者粟。辛卯，上謂侍臣曰：「君雖不君，臣不可以不臣。裴虔通，煬帝舊左右也，而親爲亂首。朕方崇奬敬義，豈可猶使宰民訓俗。」詔曰：

天地定位，君臣之義以彰；卑高既陳，人倫之道斯著。是用篤厚風俗，化成天下。雖復時經治亂，主或昏明，疾風勁草，芬芳無絕，剖心焚體，赴蹈如歸。夫豈不愛七尺之軀，重百年之命？諒由君臣義重，名教所先，故能明大節於當時，立淸風於身後。至如趙高之殞二世，董卓之鴆弘農，人神所疾，異代同憤。況凡庸小豎，有懷凶悖，遐觀典策，莫不誅夷。辰州刺史、長蛇縣男裴虔通，昔在隋代，委質晉藩，煬帝以舊邸之情，特相愛幸。遂乃志蔑君親，潛圖弒逆，密伺間隙，招結羣醜，長戟流矢，一朝竊發。天下之惡，孰云可忍！宜其夷宗焚首，以彰大戮。但年代異時，累逢赦令，可特免極刑，除名削爵，遷配驩州。

秋七月戊申，詔：「萊州刺史牛方裕、絳州刺史薛世良、廣州都督府長史唐奉義、隋武牙郎將高元禮〔三〕，並於隋代俱蒙任用，乃協契宇文化及，構成弑逆。宜依裴虔通，除名配流嶺表。」太宗謂侍臣曰：「天下愚人，好犯憲章，凡赦宥之恩，唯及不軌之輩。古語曰：『小人之幸，君子之不幸。』『一歲再赦，好人喑啞。』凡養稂莠者傷禾稼，惠姦宄者賊良人。昔文王作罰，刑茲無赦。又蜀先主嘗謂諸葛亮曰：『吾周旋陳元方、鄭康成間，每見啓告理亂之道備矣，曾不語赦也。』夫小人者，大人之賊，故朕有天下已來，不甚放赦。今四海安靜，禮義興行，非常之恩，施不可數，將恐愚人常冀僥倖，唯欲犯法，不能改過。」

八月甲戌朔，幸朝堂，親覽冤屈。自是，上以軍國無事，每日視膳於西宮。癸巳，公卿奏曰：「依禮，季夏之月，可以居臺榭。今隆暑未退，秋霖方始，宮中卑濕，請營一閣以居之。」帝曰：「朕有氣病，豈宜下濕。若遂來請，糜費良多。昔漢文帝將起露臺，而惜十家之產。朕德不逮于漢帝，而所費過之，豈謂爲民父母之道也。」竟不許。是月，河南、河北大霜，人饑。

九月丙午，詔曰：「尙齒重舊，先王以之垂範；還章解組，朝臣於是克終。釋菜合樂之儀，東膠西序之制，養老之義，遺文可覩。朕恭膺大寶，憲章故實，乞言尊事，彌切深衷。然情存今古，世踵澆季，而策名就列，或乖大體。至若筋力將盡，桑榆且迫，徒竭夙興之勤，未悟夜行之罪。其有心驚止足，行堪激勵，謝事公門，收骸閭里，能以禮讓，固可嘉焉。內外文武羣官年高致仕、抗表去職者，參朝之日，宜在本品見任之上。」丁未，謂侍臣曰：「婦人幽閉深宮，情實可愍。隋氏末年，求採無已，至於離宮別館，非幸御之所，多聚宮人，皆竭人財力，朕所不取。且灑掃之餘，更何所用？今將出之，任求伉儷，非獨以惜費，亦人得各遂其性。」於是遣尚書左丞戴胄、給事中杜正倫等，於掖庭宮西門簡出之。

冬十月庚辰，御史大夫、安吉郡公杜淹卒。戊子，殺瀛州刺史盧祖尙。

十一月辛酉，有事於圜丘。

十二月壬午，黃門侍郎王珪為侍中。

三年春正月辛亥，契丹渠帥來朝。戊午，謁太廟。癸亥，親耕籍田。辛未，司空、魏國公裴寂坐事免。

二月戊寅，中書令、邢國公房玄齡為尚書左僕射，兵部尚書、檢校侍中、蔡國公杜如晦為尚書右僕射，刑部尚書、檢校中書令、永康縣公李靖為兵部尚書，右丞魏徵為守秘書監，參預朝政。

夏四月辛巳，太上皇徙居大安宮。甲午，太宗始於太極殿聽政。

五月，周王元方薨。

六月戊寅，以旱，親錄囚徒。遣長孫無忌、房玄齡等祈雨於名山大川，中書舍人杜正倫等往關內諸州慰撫。又令文武官各上封事，極言得失。己卯，大風折木。

秋八月己巳朔，日有蝕之。薛延陀遣使朝貢。

九月癸丑，諸州置醫學。

冬十一月丙午，西突厥、高昌遣使朝貢。庚申，以并州都督李世勣爲通漢道行軍總管，兵部尚書李靖爲定襄道行軍總管，以擊突厥。

十二月戊辰，突利可汗來奔。癸未，杜如晦以疾辭位，許之。癸丑，詔建義以來交兵之處，爲義士勇夫殞身戎陣者各立一寺，命虞世南、李伯藥、褚亮、顏師古、岑文本、許敬宗、朱子奢等爲之碑銘，以紀功業。

是歲，戶部奏言：中國人自塞外來歸及突厥前後內附、開四夷爲州縣者，男女一百二十餘萬口。

校勘記

〔一〕突厥頡利突利二可汗　「突利」二字各本原無，據本書卷一九四上突厥傳、合鈔卷二太宗紀上補。

〔三〕太子少師 「師」字各本原作「保」，據本卷上文及本書卷六三蕭瑀傳、册府卷七二、通鑑卷一九二改。

〔三〕高元禮 新書卷二太宗紀同。十七史商榷卷七〇云：「考隋書煬帝紀及通鑑第一百八十五卷，虎賁郎將元禮與司馬德戡、裴虔通同弒帝，無所謂『高元禮』者，高字衍。下文貞觀七年正月，禁錮宇文化及等詔，仍作元禮。」

舊唐書卷三

本紀第三

太宗下

四年春正月乙亥，定襄道行軍總管李靖大破突厥，獲隋皇后蕭氏及煬帝之孫正道，送至京師。癸巳，武德殿北院火。二月己亥，幸温湯。甲辰，李靖又破突厥于陰山，頡利可汗輕騎遠遁。丙午，至自温湯。甲寅，大赦，賜酺五日。民部尚書戴胄以本官檢校吏部尚書，參預朝政。太常卿蕭瑀爲御史大夫，與宰臣參議朝政。御史大夫、西河郡公温彥博爲中書令。三月庚辰，大同道行軍副總管張寶相生擒頡利可汗，獻於京師。甲申，尚書右僕射、蔡國公杜如晦薨。甲午，以俘頡利告於太廟。

夏四月丁酉，御順天門，軍吏執頡利以獻捷。自是西北諸蕃咸請上尊號爲「天可汗」，於是降璽書册命其君長，則兼稱之。

秋七月甲子朔，日有蝕之。上謂房玄齡、蕭瑀曰：「隋文何等主？」對曰：「克己復禮，勤勞思政，每一坐朝，或至日昃。五品已上，引之論事。宿衞之人，傳餐而食。雖非性體仁明，亦勵精之主也。」上曰：「公得其一，未知其二。此人性至察而心不明。夫心暗則照有不通，至察則多疑於物。自以欺孤寡得之，謂羣下不可信任，事皆自決，雖勞神苦形，未能盡合於理。朝臣既知上意，亦復不敢直言，宰相已下，承受而已。朕意不然。以天下之廣，豈可獨斷一人之慮？朕方選天下之才，爲天下之務，委任責成，各盡其用，庶幾於理也。」因令有司：「詔敕不便於時，卽宜執奏，不得順旨施行。」

八月丙午，詔三品已上服紫，五品已上服緋，六品七品以綠，八品九品以青；婦人從夫色。甲寅，兵部尚書、代國公李靖爲尚書右僕射〔一〕。

九月庚午，令收瘞長城之南骸骨，仍令致祭。壬午，令自古明王聖帝、賢臣烈士墳墓無得芻牧，春秋致祭。

冬十月壬辰，幸隴州，曲赦隴、岐二州，給復一年。辛丑，校獵於貴泉谷。甲辰，校獵於魚龍川，自射鹿，獻於大安宮。

十一月甲子，至自隴州。戊寅，制決罪人不得鞭背，以明堂孔穴針灸之所。兵部尚書侯君集參議朝政。

十二月辛亥，開府儀同三司、淮安王神通薨。甲寅，高昌王麴文泰來朝。是歲，斷死刑二十九人，幾致刑措。東至于海，南至于嶺，皆外戶不閉，行旅不齎糧焉。

五年春正月癸酉，大蒐於昆明池，蕃夷君長咸從。丙子，親獻禽於大安宮。己卯，幸左藏庫，賜三品已上帛，任其輕重。癸未，朝集使請封禪。

二月己酉，封皇弟元裕爲鄶王，元名爲譙王，靈夔爲魏王，元祥爲許王，元曉爲密王。庚戌，封皇子愔爲梁王，貞爲漢王，惲爲郯王，治爲晉王，愼爲申王，囂爲江王，簡爲代王。

夏四月壬辰，代王簡薨。以金帛購中國人因隋亂沒突厥者男女八萬人，盡還其家屬。

六月甲寅，太子少師、新昌縣公李綱薨。

秋八月甲辰，遣使毁高麗所立京觀，收隋人骸骨，祭而葬之。戊申，初令天下決死刑必三覆奏，在京諸司五覆奏，其日尚食進蔬食，內教坊及太常不舉樂。

九月乙丑，賜羣官大射於武德殿。

冬十月，右衛大將軍、順州都督、北平郡王阿史那什鉢苾卒。

十二月壬寅，幸温湯。癸卯，獵於驪山。丙午，賜新豐高年帛有差。戊申，至自温湯。

六年春正月乙卯朔，日有蝕之。

二月丙戌，置三師官員。戊子，初置律學。

三月戊辰，幸九成宮。

六月己亥，鄷王元亨薨。辛亥，江王囂薨。

冬十月乙卯，至自九成宮。

十二月辛未，親錄囚徒，歸死罪者二百九十人于家，令明年秋末就刑。其後應期畢至，詔悉原之。

是歲，党項羌前後內屬者三十萬口。

七年春正月戊子，詔曰：「宇文化及弟智及、司馬德戡、裴虔通、孟景、元禮、楊覽、唐奉義、牛方裕、元敏、薛良、馬舉、元武達、李孝本、李孝質、張愷、許弘仁、令狐行達、席德方、李覆等，大業季年，咸居列職，或恩結一代，任重一時；乃包藏凶慝，罔思忠義，爰在江都，遂行弒逆，罪百閻、趙，釁深梟獍。雖事是前代，歲月已久，而天下之惡，古今同棄，宜置重典，以勵臣節。其子孫並宜禁錮，勿令齒敘。」是日，上製破陣樂舞圖。辛丑，賜京城酺三日。丁卯，雨土。乙酉，薛延陁遣使來朝。庚寅，秘書監、檢校侍中魏徵爲侍中。癸巳，直太史、將仕郎李淳風鑄渾天黃道儀，奏之，置於凝暉閣。

夏五月癸未，幸九成宮。

八月，山東、河南三十州大水，遣使賑恤。

冬十月庚申，至自九成宮。

十一月丁丑，頒新定五經。壬辰，開府儀同三司、齊國公長孫無忌爲司空。

十二月丙辰，狩于少陵原，詔以少牢祭杜如晦、杜淹、李綱之墓。

八年春正月癸未，右衞大將軍阿史那吐苾卒。辛丑，右屯衞大將軍張士貴討東、西五洞反獠，平之。壬寅，命尙書右僕射李靖、特進蕭瑀楊恭仁、禮部尙書王珪、御史大夫韋挺、鄜州大都督府長史皇甫無逸、揚州大都督府長史李襲譽、幽州大都督府長史張亮、涼州大都督李大亮、右領軍大將軍竇誕、太子左庶子杜正倫、綿州刺史劉德威、黃門侍郎趙弘智使于四方，觀省風俗。

二月乙巳，皇太子加元服。丙午，賜天下酺三日。

三月庚辰，幸九成宮。

五月辛未朔，日有蝕之。丁丑，上初服翼善冠，貴臣服進德冠。

七月，始以雲麾將軍階爲從三品。隴右山崩，大蛇屢見。山東、河南、淮南大水，遣使賑恤。

八月甲子，有星孛于虛、危，歷于氐，十一月上旬乃滅。

九月丁丑，皇太子來朝。

冬十月，右驍衞大將軍、褒國公段志玄擊吐谷渾，破之，追奔八百餘里。甲子，至自九成宮。

十一月辛未，右僕射、代國公李靖以疾辭官，授特進。丁亥，吐谷渾寇涼州〔三〕。己丑，吐谷渾拘我行人趙德楷。

十二月辛丑，命特進李靖、兵部尚書侯君集、刑部尚書任城王道宗、涼州都督李大亮等爲大總管，各帥師分道以討吐谷渾。壬子，越王泰爲雍州牧。乙卯，帝從太上皇閱武於城西。

是歲，龜茲、吐蕃、高昌、女國、石國遣使朝貢。

九年春三月，洮州羌叛，殺刺史孔長秀。壬午，大赦。每鄉置長一人，佐二人。乙酉，鹽澤道總管高甑生大破叛羌之衆。庚寅，敕天下戶立三等，未盡升降，置爲九等。夏四月壬寅，康國獻獅子。閏月丁卯，日有蝕之。癸巳，大總管李靖、侯君集、李大亮、任城王道宗破吐谷渾於牛心堆。

五月乙未，又破之於烏海，追奔至柏海。副總管薛萬均、薛萬徹又破之於赤水源，獲其名王二十人。庚子，太上皇崩於大安宮。壬子，李靖平吐谷渾於西海之上，獲其王慕容伏允。以其子慕容順光降〔三〕，封爲西平郡王，復其本國。

秋七月甲寅，增修太廟爲六室。

冬十月庚寅，葬高祖太武皇帝於獻陵。戊申，祔于太廟。辛丑，左僕射、魏國公房玄齡加開府儀同三司，餘如故。

十二月甲戌，吐谷渾西平郡王慕容順光爲其下所弒，遣兵部尚書侯君集率師安撫之，仍封順光子諾曷鉢爲河源郡王，使統其衆。右光祿大夫、宋國公蕭瑀依舊特進，復令參預朝政。

十年春正月壬子，尚書左僕射房玄齡、侍中魏徵上梁、陳、齊、周、隋五代史，詔藏于秘閣。癸丑，徙封趙王元景爲荆王，魯王元昌爲漢王，鄭王元禮爲徐王，徐王元嘉爲韓王，荆王元則爲彭王，滕王元懿爲鄭王，吳王元軌爲霍王，豳王元鳳爲虢王，陳王元慶爲道王，魏王靈夔爲燕王，蜀王恪爲吳王，越王泰爲魏王，燕王祐爲齊王，梁王愔爲蜀王，郯王惲爲蔣王，漢王貞爲越王，申王愼爲紀王。

夏六月，以侍中魏徵爲特進，仍知門下省事。壬申，中書令温彥博爲尚書右僕射。甲戌，太常卿、安德郡公楊師道爲侍中。己卯，皇后長孫氏崩于立政殿。

冬十一月庚寅，葬文德皇后於昭陵。

十二月壬申，吐谷渾河源郡王慕容諾曷鉢來朝。乙亥，親錄京師囚徒。

是歲，關內、河東疾病，命醫齎藥療之。

十一年春正月丁亥朔，徙鄶王元裕爲鄧王，譙王元名爲舒王。癸巳，加魏王泰爲雍州牧、左武候大將軍。庚子，頒新律令於天下。作飛山宮。甲寅，房玄齡等進所修五禮，詔所司行用之。

二月丁巳，詔曰：

夫生者天地之大德，壽者修短之一期。生有七尺之形，壽以百齡爲限，含靈稟氣，莫不同焉，皆得之於自然，不可以分外企也。是以禮記云：「君卽位而爲椑。」莊周云：「勞我以形，息我以死。」豈非聖人遠鑒，通賢深識？末代已來，明辟蓋寡，靡不矜黃屋之尊，慮白駒之過，並多拘忌，有慕遐年。謂雲車易乘，義輪可駐，異軌同趣，其蔽甚矣。

有隋之季，海內橫流，豺狼肆暴，吞噬黔首。朕投袂發憤，情深拯溺，扶翼義師，濟斯塗炭。賴蒼昊降鑒，股肱宣力，提劍指麾，天下大定。此朕之宿志，於斯已畢。猶恐身後之日，子子孫孫，習於流俗，猶循常禮，加四重之櫬，伐百祀之木，勞擾百姓，崇厚園陵。今預爲此制，務從儉約，於九嵕之山，足容棺而已。積以歲月，漸而備之。木馬塗車，土桴葦籥，事合古典，不爲時用。

又佐命功臣，或義深舟楫，或謀定帷幄，或身摧行陣，同濟艱危，克成鴻業，追念在昔，何日忘之！使逝者無知，咸歸寂寞；若營魂有識，還如疇曩，居止相望，不亦善乎！漢氏使將相陪陵，又給以東園秘器，篤終之義，恩意深厚，古人豈異我哉！自今已後，功臣密戚及德業佐時者，如有薨亡，宜賜塋地一所，及以秘器，使窀穸之時，喪事無闕。所司依此營備，稱朕意焉。

甲子，幸洛陽宮，命祭漢文帝。

三月丙戌朔，日有蝕之。丁亥，車駕至洛陽。丙申，改洛州爲洛陽宮。辛亥，大蒐於廣城澤。癸丑，還宮。

夏四月甲子，震乾元殿前槐樹。丙寅，詔河北、淮南舉孝悌淳篤，兼閑時務；儒術該通，可爲師範；文辭秀美，才堪著述；明識政體，可委字人：幷志行修立，爲鄉閭所推者，給傳詣洛陽宮。

六月甲寅，尚書右僕射、虞國公溫彥博薨。丁巳，幸明德宮。己未，定制諸王爲世封刺史。戊辰，定制勳臣爲世封刺史。改封任城王道宗爲江夏郡王，趙郡王孝恭爲河間郡王。己巳，改封許王元祥爲江王。

秋七月癸未，大霪雨。穀水溢入洛陽宮，深四尺，壞左掖門，毀宮寺十九所；洛水溢，漂六百家。庚寅，詔以災命百官上封事，極言得失。丁酉，車駕還宮。壬寅，廢明德宮及飛山宮之玄圃院，分給遭水之家，仍賜帛有差。丙午，修老君廟於亳州，宣尼廟於兗州，各給二十戶享祀焉。涼武昭王復近墓二十戶充守衞，仍禁芻牧樵採。

九月丁亥，河溢，壞陝州河北縣，毀河陽中潭。幸白司馬坂以觀之，賜遭水之家粟帛有差。

冬十一月辛卯，幸懷州。乙未，狩於濟源。丙午，車駕還宮。

十二月辛酉，百濟王遣其太子隆來朝。

十二年春正月乙未，吏部尚書高士廉等上氏族志一百三十卷。壬寅，松、叢二州地震，壞人廬舍，有壓死者。

二月乙卯，車駕還京。癸亥，觀砥柱，勒銘以紀功德。甲子，夜郎獠反，夔州都督齊善行討平之。乙丑，次陝州，自新橋幸河北縣，祀夏禹廟。丁卯，次柳谷頓，觀鹽池。戊寅，以隋鷹揚郎將堯君素忠於本朝，贈蒲州刺史，仍錄其子孫。

閏二月庚辰朔，日有蝕之。丙戌，至自洛陽宮。

夏五月壬申，銀青光祿大夫、永興縣公虞世南卒。

六月庚子，初置玄武門左右飛騎。

秋七月癸酉，吏部尚書、申國公高士廉爲尚書右僕射。

冬十月己卯，狩于始平，賜高年粟帛有差。乙未，至自始平。己亥，百濟遣使貢金甲雕斧。

十二月辛巳，右武候將軍上官懷仁大破山獠於壁州。

十三年春正月乙巳朔，謁獻陵。曲赦三原縣及行從大辟罪。丁未，至自獻陵。戊午，加房玄齡爲太子少師。

二月丙子，停世襲刺史。

三月乙丑，有星孛于畢、昴。

夏四月戊寅，幸九成宮。甲申，阿史那結社爾犯御營，伏誅。壬寅，雲陽石燃者方丈，晝如灰，夜則有光，投草木於上則焚，歷年而止。

自去冬不雨至于五月。甲寅，避正殿，令五品以上上封事，減膳罷役，分使賑恤，申理寃屈，乃雨。

六月丙申，封皇弟元嬰爲滕王。

秋八月辛未朔，日有蝕之。庚辰，立右武候大將軍、化州都督、懷化郡王李思摩爲突厥可汗，率所部建牙于河北。

冬十月甲申，至自九成宮。

十一月辛亥，侍中、安德郡公楊師道爲中書令。

十二月丁丑，吏部尚書、陳國公侯君集爲交河道行軍大總管，帥師伐高昌。乙亥，封皇子福爲趙王。壬午，巂州都督王志遠有罪伏誅。詔於洛、相、幽、徐、齊、幷、秦、蒲等州並置常平倉。己丑，吐谷渾河源郡王慕容諾曷鉢來逆女。壬辰，狩于咸陽。

是歲，滁州言：「野蠶食槲葉，成繭大如柰，其色綠，凡六千五百七十石。」高麗、新羅、西突厥、吐火羅、康國、安國、波斯、疏勒、于闐、焉耆、高昌、林邑、昆明及荒服蠻酋，相次遣使朝貢。

十四年春正月庚子，初命有司讀時令。甲寅，幸魏王泰宅。赦雍州及長安獄大辟罪已下。

二月丁丑，幸國子學，親釋奠，赦大理、萬年繫囚，國子祭酒以下及學生高第精勤者加一級，賜帛有差。庚辰，左驍衞將軍、淮陽王道明送弘化公主歸于吐谷渾。壬午，幸温湯。辛卯，至自温湯。乙未，詔以梁皇侃、褚仲都，周熊安生、沈重，陳沈文阿、周弘正、張譏〔四〕，隋何妥、劉焯、劉炫等前代名儒，學徒多行其義，命求其後。

三月戊午，置寧朔大使，以護突厥。

夏五月壬戌，徙封燕王靈夔爲魯王。

六月乙酉，大風拔木。己丑，薛延陁遣使求婚。乙未，滁州野蠶成繭，凡收八千三百石。

八月庚午，新作襄城宮。癸巳，交河道行軍大總管侯君集平高昌，以其地置西州。

九月癸卯，曲赦西州大辟罪。乙卯，於西州置安西都護府。

冬十月己卯，詔以贈司空、河間元王孝恭，贈陝東道大行臺尚書右僕射、鄖節公殷開山，贈民部尚書、渝襄公劉政會等配饗高祖廟庭。

閏月乙未，幸同州。甲辰，狩于堯山。庚戌，至自同州。丙辰，吐蕃遣使獻黃金器千斤以求婚。

十一月甲子朔，日南至，有事于圓丘。

十二月丁酉，交河道旋師。吏部尚書、陳國公侯君集執高昌王麴智盛，獻捷于觀德殿，行飲至之禮，賜酺三日。乙卯，高麗世子相權來朝。

十五年春正月丁卯，吐蕃遣其國相祿東贊來逆女。丁丑，禮部尚書、江夏王道宗送文成公主歸吐蕃。辛巳，幸洛陽宮。

三月戊申，幸襄城宮。庚午，廢襄城宮〔五〕。

夏四月辛卯，詔以來年二月有事泰山，所司詳定儀制。

五月壬申，并州僧道及老人等抗表，以太原王業所因，明年登封已後，願時臨幸。上於武成殿賜宴，因從容謂侍臣曰：「朕少在太原，喜羣聚博戲，暑往寒逝，將三十年矣。」時會中有舊識上者，相與道舊以爲笑樂。因謂之曰：「他人之言，或有面諛。公等朕之故人，實以告朕，卽日政教，於百姓何如？人間得無疾苦耶？」皆奏：「卽日四海太平，百姓歡樂，陛下力也。臣等餘年，日惜一日，但眷戀聖化，不知疾苦。」因固請過幷州。上謂曰：「飛鳥過故鄉，猶躑躅徘徊；況朕於太原起義，遂定天下，復少小遊觀，誠所不忘。岱禮若畢，或冀與公等相見。」於是賜物各有差。丙子，百濟王扶餘璋卒。詔立其世子扶餘義慈嗣其父位，仍封爲帶方郡王。

六月戊申，詔天下諸州，擧學綜古今及孝悌淳篤、文章秀異者，並以來年二月總集泰山。己酉，有星孛于太微，犯郎位。丙辰，停封泰山，避正殿以思咎，命尙食減膳。

秋七月甲戌，孛星滅。

冬十月辛卯，大閱於伊闕。壬辰，幸嵩陽。辛丑，還宮。

十一月壬戌，廢鄕長。壬申，還京師。癸酉，薛延陁以同羅、僕骨、迴紇、靺鞨、霫之衆度漠，屯于白道川。命營州都督張儉統所部兵壓其東境；兵部尙書李勣爲朔方行軍總管，右衞大將軍李大亮爲靈州道行軍總管，涼州都督李襲譽爲涼州道行軍總管，分道以禦之。

十二月戊子朔，至自洛陽宮。甲辰，李勣及薛延陁戰于諾眞水，大破之，斬首三千餘級，獲馬萬五千匹，薛延陁跳身而遁。勣旋破突厥思結於五臺縣，虜其男女千餘口，獲羊馬稱是。

十六年春正月辛未，詔在京及諸州死罪囚徒，配西州爲戶；流人未達前所者，徙防西州。兼中書侍郎、江陵子岑文本爲中書侍郎，專知機密。夏六月辛卯，詔復隱王建成曰隱太子，改封海陵剌王元吉曰巢剌王。秋七月戊午，司空、趙國公無忌爲司徒，尚書左僕射、梁國公玄齡爲司空。九月丁巳，特進、鄭國公魏徵爲太子太師，知門下省事如故。冬十一月丙辰，狩于岐山。辛酉，使祭隋文帝陵。丁卯，宴武功士女於慶善宮南門。酒酣，上與父老等涕泣論舊事，老人等遞起爲舞，爭上萬歲壽，上各盡一杯。庚午，至自岐州。

十二月癸卯，幸溫湯。甲辰，狩于驪山，時陰寒晦冥，圍兵斷絕。上乘高望見之，欲捨其罰，恐虧軍令，乃迴轡入谷以避之。

是歲，高麗大臣蓋蘇文弑其君高武，而立武兄子藏爲王。

十七年春正月戊辰，右衞將軍、代州都督劉蘭謀反，腰斬。太子太師、鄭國公魏徵薨。

戊申，詔圖畫司徒、趙國公無忌等勳臣二十四人於凌煙閣。

三月丙辰，齊州都督齊王祐殺長史權萬紀〔六〕、典軍韋文振，據齊州自守，詔兵部尚書李勣、刑部尚書劉德威發兵討之。兵未至，兵曹杜行敏執之而降，遂賜死于內侍省。丁巳，熒惑守心前星，十九日而退。

夏四月庚辰朔，皇太子有罪，廢爲庶人。漢王元昌、吏部尚書侯君集並坐與連謀，伏誅。丙戌，立晉王治爲皇太子，大赦，賜酺三日。丁亥，中書令楊師道爲吏部尚書。己丑，加司徒、趙國公長孫無忌太子太師，司空、梁國公房玄齡太子太傅；特進、宋國公蕭瑀太子太保，兵部尚書、英國公李勣爲太子詹事，仍同中書門下三品。庚寅，上親謁太廟，以謝承乾之過。癸巳，魏王泰以罪降爵爲東萊郡王。

五月乙丑，手詔舉孝廉茂才異能之士。

六月己卯朔，日有蝕之。壬午，改葬隋恭帝。丁酉，尚書右僕射高士廉請致仕，詔以爲開府儀同三司、同中書門下三品。

閏月戊午，薛延陁遣其兄子突利設獻馬五萬匹、牛駝一萬、羊十萬以請婚，許之。丙子，徙封東萊郡王泰爲順陽王。

秋七月庚辰，京城訛言云：「上遣棖棖取人心肝，以祠天狗。」遞相驚悚。上遣使遍加宣諭，月餘乃止。丁酉，司空、太子太傅、梁國公房玄齡以母憂罷職。

八月，工部尚書、鄖國公張亮爲刑部尚書，參預朝政。

九月癸未，徙庶人承乾于黔州。

冬十月丁巳，房玄齡起復本職。

十一月己卯，有事于南郊。壬午，賜天下酺三日。以涼州獲瑞石，曲赦涼州，幷錄京城及諸州繫囚，多所原宥。

十八年春正月壬寅，幸溫湯。

夏四月辛亥，幸九成宫。

秋八月甲子，至自九成宫。丁卯，散騎常侍淸苑男劉洎爲侍中，中書侍郎江陵子岑文本、中書侍郎馬周並爲中書令。

九月，黃門侍郎褚遂良參預朝政。

冬十月辛丑朔，日有蝕之。甲辰，初置太子司議郎官員。甲寅，幸洛陽宫。安西都護郭孝恪帥師滅焉耆，執其王突騎支送行在所。

十一月壬寅，車駕至洛陽宫。庚子，命太子詹事、英國公李勣爲遼東道行軍總管，出柳城，禮部尚書、江夏郡王道宗副之；刑部尚書、鄖國公張亮爲平壤道行軍總管，以舟師出萊州，左領軍常何、瀘州都督左難當副之。發天下甲士，召募十萬，並趣平壤，以伐高麗。

十二月辛丑，庶人承乾死。

十九年春二月庚戌，上親統六軍發洛陽。乙卯，詔皇太子留定州監國；開府儀同三司、申國公高士廉攝太子太傅，與侍中劉洎、中書令馬周、太子少詹事張行成、太子右庶子高季輔五人同掌機務；以吏部尚書、安德郡公楊師道爲中書令。贈殷比干爲太師，謚曰忠烈，命所司封墓，葺祠堂，春秋祠以少牢，上自爲文以祭之。

三月壬辰，上發定州，以司徒、太子太師兼檢校侍中、趙國公長孫無忌，中書令岑文本、楊師道從。

夏四月癸卯，誓師於幽州城南，因大饗六軍以遣之。丁未，中書令岑文本卒于師。癸亥，遼東道行軍大總管、英國公李勣攻蓋牟城，破之。

五月丁丑，車駕渡遼。甲申，上親率鐵騎與李勣會圍遼東城，因烈風發火弩，斯須城上屋及樓皆盡，麾戰士令登，乃拔之。

六月丙辰，師至安市城。丁巳，高麗別將高延壽、高惠眞帥兵十五萬來援安市，以拒王師。李勣率兵奮擊，上自高峯引軍臨之，高麗大潰，殺獲不可勝紀。延壽等以其衆降，因名所幸山爲駐蹕山，刻石紀功焉。賜天下大酺二日。

秋七月，李勣進軍攻安市城，至九月不克，乃班師。

冬十月丙辰，入臨渝關，皇太子自定州迎謁。戊午，次漢武臺，刻石以紀功德。

十一月辛未，幸幽州。癸酉，大饗，還師。

十二月戊申，幸并州。侍中、淸苑男劉洎以罪賜死。

是歲，薛延陁眞珠毗伽可汗死。

二十年春正月，上在幷州。丁丑，遣大理卿孫伏伽、黄門侍郎褚遂良等二十二人，以六條巡察四方，黜陟官吏。庚辰，曲赦幷州，宴從官及起義元從，賜粟帛、給復有差。

三月己巳，車駕至京師。己丑，刑部尚書、鄖國公張亮謀反〔七〕，誅。

閏月癸巳朔，日有蝕之。

夏四月甲子，太子太師、趙國公長孫無忌，太子太傅、梁國公房玄齡，太子太保、宋國公蕭瑀各辭調護之職，詔許之。

六月，遣兵部尚書、固安公崔敦禮，特進、英國公李勣擊破薛延陁於鬱督軍山北，前後斬首五千餘級，虜男女三萬餘人。

秋八月甲子，封皇孫忠爲陳王。己巳，幸靈州。庚午，次涇陽頓。鐵勒迴紇、拔野古、同羅、僕骨、多濫葛、思結、阿跌、契苾、跌結、渾、斛薛等十一姓各遣使朝貢，奏稱：「延陁可汗不事大國，部落烏散，不知所之。奴等各有分地，不能逐延陁去，歸命天子，乞置漢官。」詔遣會靈州。

九月甲辰，鐵勒諸部落俟斤、頡利發等遣使相繼而至靈州者數千人，來貢方物，因請置吏，咸請至尊爲可汗。於是北荒悉平，爲五言詩勒石以序其事。辛亥，靈州地震有聲。

冬十月，前太子太保、宋國公蕭瑀貶商州刺史。丙戌，至自靈州。

二十一年春正月壬辰，開府儀同三司、申國公高士廉薨。丁酉，詔以來年二月有事泰山。甲寅，賜京師酺三日。

二月壬申，詔以左丘明、卜子夏、公羊高、穀梁赤、伏勝、高堂生、戴聖、毛萇、孔安國、劉向、鄭衆、杜子春、馬融、盧植、鄭康成、服子愼、何休、王肅、王輔嗣、杜元凱、范甯等二十一人，代用其書，垂於國胄，自今有事於太學，並命配享宣尼廟堂。丁丑，皇太子於國學釋菜。

夏四月乙丑，營太和宮於終南之上，改爲翠微宮。

五月戊子，幸翠微宮。

六月癸亥，司徒、趙國公無忌加授揚州都督。

秋七月庚子，建玉華宮於宜君縣之鳳凰谷。庚戌，至自翠微宮。

八月壬戌，詔以河北大水，停封禪。辛未，骨利幹國遣使貢名馬。丁酉，封皇子明爲曹王。

冬十一月癸卯，徙封順陽王泰爲濮王。

十二月戊寅，左驍衛大將軍阿史那社爾、右驍衛大將軍契苾何力、安西都護郭孝恪、司農卿楊弘禮爲崑山道行軍大總管，以伐龜茲。

是歲，墮婆登、乙利、鼻林送、都播、羊同、石、波斯、康國、吐火羅、阿悉吉等遠夷十九國，並遣使朝貢。又於突厥之北至于迴紇部落，置驛六十六所，以通北荒焉。

二十二年春正月庚寅，中書令馬周卒。司徒、趙國公無忌兼檢校中書令，知尙書門下二省事〔九〕。己亥，刑部侍郎崔仁師爲中書侍郎，參知機務。戊戌，幸溫湯。戊申，還宮。

二月，前黃門侍郎褚遂良起復黃門侍郎。中書侍郎崔仁師除名，配流連州。癸丑，西番沙鉢羅葉護率衆歸附，以其俟斤屈裴祿爲忠武將軍，兼大俟斤。戊午，以結骨部置堅昆都督。乙亥，幸玉華宮。乙卯，賜所經高年篤疾粟帛有差。己卯，蒐于華原。

四月甲寅，磧外蕃人爭牧馬出界，上親臨斷決，然後咸服。丁巳，右武候將軍梁建方擊松外蠻，下其部落七十二所。

五月庚子，右衞率長史王玄策擊帝那伏帝國〔九〕，大破之，獲其王阿羅那順及王妃、子等，虜男女萬二千人、牛馬二萬餘以詣闕。使方士那羅邇娑婆於金飈門造延年之藥。吐蕃贊普擊破中天竺國，遣使獻捷。

六月癸酉，特進、宋國公蕭瑀薨。

秋七月癸卯，司空、梁國公房玄齡薨。

八月己酉朔，日有蝕之。

九月己亥，黃門侍郎褚遂良爲中書令。

十月癸亥，至自玉華宮。

十一月戊戌，眉、邛、雅三州獠反，右衞將軍梁建方討平之。庚子，契丹帥窟哥、奚帥可度者並率其部內屬。以契丹部爲松漠都督，以奚部置饒樂都督。

十二月乙卯，增置殿中侍御史、監察御史各二員，大理寺置平事十員。

閏月丁丑朔，崑山道總管阿史那社爾降處密、處月，破龜茲大撥等五十城，虜數萬口，執龜茲王訶黎布失畢以歸，龜茲平，西域震駭。副將薛萬徹脅于闐王伏闍信入朝。癸未，新羅王遣其相伊贊千金春秋及其子文王來朝〔一〇〕。

是歲，新羅女王金善德死，遣册立其妹眞德爲新羅王。

二十三年春正月辛亥，俘龜茲王訶黎布失畢及其相那利等，獻于社廟。

二月丙戌，置瑤池都督府，隸安西都護府。丁亥，西突厥肆葉護可汗遣使來朝。

三月丙辰，置豐州都督府〔二〕。自去冬不雨，至于此月己未乃雨。辛酉，大赦。丁卯，敕皇太子於金液門聽政。是月，日赤無光。

四月己亥，幸翠微宮。

五月戊午，太子詹事、英國公李勣爲疊州都督。辛酉，開府儀同三司、衞國公李靖薨。己巳，上崩於含風殿，年五十二。遺詔皇太子即位於柩前，喪紀宜用漢制。秘不發喪。庚午，遣舊將統飛騎勁兵從皇太子先還京，發六府甲士四千人，分列於道及安化門，翼從乃入；大行御馬輿，從官侍御如常。壬申，發喪。

六月甲戌朔，殯于太極殿。

八月丙子，百僚上謚曰文皇帝，廟號太宗。庚寅，葬昭陵。上元元年八月，改上尊號曰文武聖皇帝。天寶十三載二月，改上尊號爲文武大聖大廣孝皇帝。

史臣曰：臣觀文皇帝，發迹多奇，聰明神武。拔人物則不私於黨，負志業則咸盡其才。所以屈突、尉遲，由仇敵而願傾心膂；馬周、劉洎，自疎遠而卒委鈞衡。終平泰階，諒由斯道。嘗試論之：礎潤雲興，蟲鳴螽躍。雖堯、舜之聖，不能用檮杌、窮奇而治平；伊、呂之賢，不能爲夏桀、殷辛而昌盛。君臣之際，遭遇斯難，以至抉目剖心，蟲流筋擢，良由遭値之異也。以房、魏之智，不踰于丘、軻，遂能尊主庇民者，遭時也。

或曰：以太宗之賢，失愛於昆弟，失敎於諸子，何也？曰：然，舜不能仁四罪，堯不能訓丹朱，斯前志也。當神堯任讒之年，建成忌功之日，苟除畏逼，孰顧分崩，變故之興，間不容髮，方懼「毀巢」之禍，寧虞「尺布」之謠？承乾之愚，聖父不能移也。若文皇自定儲於哲嗣，不騁志於高麗；用人如貞觀之初，納諫比魏徵之日。況周發、周成之世襲，我有遺妍；較漢文、漢武之恢弘，彼多慚德。迹其聽斷不惑，從善如流，千載可稱，一人而已！

贊曰：昌、發啓國，一門三聖。文定高位，友于不令。管、蔡旣誅，成、康道正。貞觀之風，到今歌詠。

校勘記

〔一〕尚書右僕射　「右」字各本原作「左」，據本卷下文、本書卷六七李靖傳改。

〔二〕涼州　各本原作「源州」，按唐代無「源州」，據新書卷二太宗紀、通鑑卷一九四改。

〔三〕慕容順光　本書卷一九八吐谷渾傳、通典卷一九〇、唐會要卷九四、御覽卷七九四、册府卷一六四皆作慕容順。

〔四〕張譏　「譏」字各本原作「機」，據陳書卷三三張譏傳、南史卷七一張譏傳、新書卷二太宗紀改。

〔五〕廢襄城宮　「廢」字各本原作「發」，通鑑卷一九六云：「地既煩熱，復多毒蛇；庚午，罷襄城宮。」今據葉石君校本（以下簡稱葉校本）改。

〔六〕齊王祐殺長史權萬紀　「殺」字各本原無，據册府卷一二二補。

〔七〕鄖國公　「鄖」字各本原作「鄖」，據本卷上文及本書卷六九張亮傳改。

〔八〕知尚書門下二省事　「尚書」各本原作「中書」，據册府卷七二、新書卷二太宗紀、通鑑卷一九八改。

〔九〕右衞率長史　「率」字各本原無，據册府卷一二、通鑑卷一九九補。

〔一〇〕伊贊千　隋書卷八一新羅傳、北史卷九四新羅傳，云其官有「伊尺干」，「伊贊」乃「伊尺」之異譯，「千」係「干」之訛。

〔一一〕豐州都督府　「豐」字各本原作「酆」，據本書卷三八地理志、新書卷三七地理志、通鑑卷一九九改。

舊唐書卷四

本紀第四

高宗上

高宗天皇大聖大弘孝皇帝，諱治，太宗第九子也。母曰文德順聖長孫皇后。以貞觀二年六月，生於東宮之麗正殿。五年，封晉王。七年，遙授幷州都督。幼而岐嶷端審，寬仁孝友。初授孝經於著作郎蕭德言，太宗問曰：「此書中何言爲要？」對曰：「夫孝，始於事親，中於事君，終於立身。君子之事上，進思盡忠，退思補過，將順其美，匡救其惡。」太宗大悅曰：「行此，足以事父兄，爲臣子矣。」及文德皇后崩，晉王時年九歲，哀慕感動左右，太宗屢加慰撫，由是特深寵異。尋拜右武候大將軍。

十七年，皇太子承乾廢，魏王泰亦以罪黜，太宗與長孫無忌、房玄齡、李勣等計議，立晉王爲皇太子。太宗每視朝，常令在側，觀決庶政，或令參議，太宗數稱其善。十八年，太宗將伐高麗，命太子留鎭定州。及駕發有期，悲啼累日，因請飛驛遞表起居，幷遞敕垂報，並許之。飛表奏事，自此始也。及軍旋，太子從至幷州。時太宗患癰，太子親吮之，扶輦步從數日。

二十三年五月己巳，太宗崩。庚午，以禮部尚書、兼太子少師、黎陽縣公于志寧爲侍中，太子少詹事、兼尚書左丞張行成爲兼侍中、檢校刑部尚書，太子右庶子、兼吏部侍郎、攝戶部尚書高季輔爲兼中書令、檢校吏部尚書，太子左庶子、高陽縣男許敬宗兼禮部尚書。辛未，還京。

六月甲戌朔，皇太子卽皇帝位，時年二十二。詔曰：「大行皇帝奄棄普天，痛貫心靈，若置湯火。思遵大孝，不敢滅身，永慕長號，將何逮及。粤以孤眇，屬當元嗣，思勵空薄，康濟黎元。敬順惟新，仰昭先德，宜布凱澤，被乎億兆。可大赦天下。內外文武賜勳官一級。諸年八十以上賚以粟帛。雍州及諸州比年供軍勞役尤甚之處，並給復一年。」辛巳，改民部尚書爲戶部尚書。疊州都督、英國公勣爲特進、檢校洛州刺史，仍於洛陽宮留守。癸未，詔司徒、揚州都督、趙國公無忌爲太尉兼檢校中書令，知尚書門下二省事，餘並如故，賜物三千段。癸巳，特進、英國公勣爲開府儀同三司、同中書門下三品。

秋七月丙午，有司請改治書侍御史爲御史中丞〔一〕，諸州治中爲司馬，別駕爲長史，治禮郎爲奉禮郎，以避上名。以貞觀時不諱先帝二字，不許〔三〕，有司奏曰：「先帝二名，禮不偏諱。上既單名，臣子不合指斥。」上乃從之。己酉，于闐王伏闍信來朝。

八月癸酉朔，河東地震，晉州尤甚，壞廬舍，壓死者五千餘人。三日又震。詔遣使存問，給復二年，壓死者賜絹三匹。以開府儀同三司、英國公勣爲尚書左僕射、同中書門下三品。僕射始帶同中書門下。庚寅，葬太宗於昭陵。

九月甲寅，加授鄜州刺史、荆王元景爲司徒，前安州都督、吳王恪爲司空兼梁州刺史。丙寅，贈太尉、梁國公玄齡，贈司徒、申國公士廉，贈左僕射、蔣國公屈突通，並可配食太宗廟庭。

冬十一月甲子，以瑤池都督阿史那賀魯爲左驍衞大將軍。乙丑，晉州地又震。是冬無雪。

永徽元年春正月辛丑朔，上不受朝，詔改元。壬寅，御太極殿，受朝而不會。丙午，立妃王氏爲皇后。丁未，以陳王忠爲雍州牧。

二月辛卯，封皇子孝爲許王，上金爲杞王，素節爲雍王。

夏四月己巳朔，晉州地又震。

五月丁未，上謂羣臣曰：「朕謬膺大位，政教不明，遂使晉州之地屢有震動。良由賞罰失中，政道乖方。卿等宜各進封事，極言得失，以匡不逮。」吐火羅遣使獻大鳥如駝，食銅鐵，上遣獻于昭陵。吐蕃贊普死，遣右武衞將軍鮮于匡濟齎璽書往弔祭。

六月庚辰，晉州地震。

秋七月丙寅，以旱，親錄京城囚徒。

九月癸卯，右驍衞郎將高侃執車鼻可汗詣闕，獻于社廟及昭陵。己未，尚書左僕射、英國公勣固請解職，許之，令以開府儀同三司同中書門下三品。

十一月己未，中書令、河南郡公褚遂良左授同州刺史。

十二月，瑤池都督、沙鉢羅葉護阿史那賀魯以府叛，自稱可汗，總有西域之地。

是歲，雍、絳、同等九州旱蝗，齊、定等十六州水。

二年春正月戊戌，詔曰：「去歲關輔之地，頗弊蝗螟，天下諸州，或遭水旱，百姓之間，致有罄乏。此由朕之不德，兆庶何辜？矜物罪己，載深憂惕。今獻歲肇春，東作方始，糧廩或空，事資賑給。其遭蟲水處有貧乏者，得以正、義倉賑貸。雍、同二州，各遣郎中一人充使存問，務盡哀矜之旨，副朕乃眷之心。」乙巳，黃門侍郎、平昌縣公宇文節加銀青光祿大夫，依舊同中書門下三品。守中書侍郎柳奭爲中書侍郎，依舊同中書門下三品。

夏四月乙酉，秩太廟令及獻、昭二陵令從五品，丞從七品。

五月壬辰，開府儀同三司及京官文武職事四品、五品，並給隨身魚。

六月辛酉，開府儀同三司、襄邑王神符薨。

秋七月丁未，賀魯寇陷金嶺城、蒲類縣，遣武候大將軍梁建方、右驍衞大將軍契苾何力爲弓月道總管以討之。

八月乙丑，大食國始遣使朝獻。己巳，侍中、燕國公于志寧爲尚書左僕射，侍中兼刑部尚書、北平縣公張行成爲尚書右僕射〔三〕，並同中書門下三品，猶不入銜。中書令兼檢校吏部尚書、蓨縣公高季輔爲侍郎〔四〕。

九月癸巳，改九成宮爲萬年宮，廢玉華宮以爲佛寺。

閏月辛未，頒新定律、令、格、式於天下。

冬十月辛卯，晉州地震。

十一月辛酉，有事於南郊。戊辰，定襄地震。丁丑，以高昌故地置安西都護府。白水蠻寇麻州，命左領軍將軍趙孝祖討平之。

三年春正月癸亥，以去秋至于是月不雨，上避正殿，降天下死罪及流罪遞減一等，徒以下咸宥之。弓月道總管梁建方、契苾何力等大破處月朱耶孤注於牢山，斬首九千級，虜渠帥六千，俘生口萬餘，獲牛馬雜畜七萬。丙寅，太尉、趙國公無忌以旱請遜位，不許。己巳，同州刺史、河南郡公褚遂良爲吏部尚書、同中書門下三品〔五〕。丙子，親祠太廟。丁亥，籍于千畝，賜羣官帛有差。

三月辛巳，黃門侍郎、平昌縣公宇文節爲侍中，中書侍郎柳奭爲中書令。庚申，幸觀德殿，賜文武羣官大射。

夏四月庚寅，左領軍將軍趙孝祖大破白水蠻大勃律。甲午，澧州刺史、彭王元則薨。

五月庚辰，詔以周司沐大夫裴融，齊侍中崔季舒、給事黃門侍郎裴澤、尚書左丞封孝琰，隋儀同三司豆盧毓、御史中丞游楚客等，並門挺忠鯁，其子孫各宜甄擢。

秋七月丁巳，立陳王忠爲皇太子，大赦天下，五品已上子爲父後者賜勳一轉，大酺三日。乙丑，左僕射于志寧兼太子少師，右僕射張行成兼太子少傅，侍中高季輔兼太子少保，侍中宇文節兼太子詹事。丁丑，上問戶部尚書高履行：「去年進戶多少？」履行奏稱：「進戶總一十五萬。」又問曰：「隋日有幾戶？今見有幾戶？」履行奏：「隋開皇中有戶八百七十萬，即今見有戶三百八十萬。」

九月丁巳，改太子中允爲內允，中書舍人爲內史舍人，諸率府中郎將改爲旅賁郎將〔六〕，以避太子名。

冬十月戊戌，幸同安大長公主第，又幸高陽長公主第，卽日還宮。

十一月乙亥，駮馬國遣使朝貢。庚寅，弘化長公主自吐谷渾來朝。

十二月癸巳，濮王泰薨。

四年春正月癸丑朔，上臨軒，不受朝，以濮王泰在殯故也。丙子，新除房州刺史、駙馬都尉房遺愛，司徒、秦州刺史、荆王元景，司空、安州刺史、吳王恪，寧州刺史、駙馬都尉薛萬徹，嵐州刺史、駙馬都尉柴令武謀反。

二月乙酉，遺愛、萬徹、令武等並伏誅；元景、恪、巴陵高陽公主並賜死。左驍衞大將軍、安國公執失思力配流巂州，侍中兼太子詹事、平昌縣公宇文節配流桂州。戊子，特進、太常卿、江夏王道宗配流桂州，恪母弟蜀王愔廢爲庶人。己亥，絳州刺史、徐王元禮加授司徒，開府儀同三司、英國公勣爲司空。

三月壬子朔，頒孔穎達五經正義於天下，每年明經令依此考試。丙辰，上御觀德殿，陳逆人房遺愛等口馬資財爲五垜，引王公、諸親、蕃客及文武九品已上射。

夏四月戊子，林邑國王遣使來朝，貢馴象。壬寅，以旱，避正殿，減膳，親錄繫囚，遣使分省天下冤獄，詔文武官極言得失。

八月己亥，隕石十八于同州之馮翊，有聲如雷。

九月壬寅，尚書右僕射、北平縣公張行成薨。甲戌，吏部尚書、河南郡公褚遂良爲尚書右僕射，依舊知政事。

冬十月庚子，幸新豐之温湯。甲辰，曲赦新豐。乙巳，至自温湯。戊申，睦州女子陳碩貞舉兵反，自稱文佳皇帝，攻陷睦州屬縣。婺州刺史崔義玄、揚州都督府長史房仁裕各率衆討平之。

十一月癸丑，兵部尚書、固安縣公崔敦禮爲侍中。頒新律疏於天下。

十二月庚子，侍中兼太子少保、蓨縣公高季輔卒。

五年春三月戊午，幸萬年宮。辛未，曲赦所經州縣繫囚。以工部尚書閻立德領丁夫四萬築長安羅郭。

夏四月，守黃門侍郎潁川縣公韓瑗、守尚書侍郎來濟，並加銀青光祿大夫，依舊同中書門下三品。

閏五月丁丑夜，大雨，水漲暴溢，漂溺麟遊縣居人及當番衞士，死者三千餘人。六月，恆州大雨，滹沱河泛溢，溺五千餘家。癸丑，蒲州汾陰縣暴雨，漂溺居人，浸壞廬舍。癸亥，中書令柳奭兼吏部尚書。丙寅，河北諸州大水。七月辛巳，有小鳥如雀，生大鳥如鳩於萬年宮皇帝舊宅。八月，大理奏決死囚，總管七十餘人。辛亥，詔自今已後，五品已上有薨亡者，隨身魚並不須追收。辛未，吐蕃使人獻馬百匹及大拂廬可高五丈〔七〕，廣袤各二十七步。九月丁酉，至自萬年宮。冬十一月癸酉，築京師羅郭，和雇京兆百姓四萬一千人，板築三十日而罷，九門各施觀。十二月癸丑，倭國獻琥珀、碼碯，琥珀大如斗，碼碯大如五斗器。戊午，發京師謁昭陵，在路生皇子賢。己未，敕二年一定戶。

六年春正月壬申朔，親謁昭陵，曲赦醴泉縣民，放今年租賦。陵所宿衞將軍、郎將進爵一等，陵令、丞加階賜物。甲戌，至自昭陵。於陵側建佛寺。庚寅，封皇子弘爲代王，賢爲潞王。

日。

二月乙巳，皇太子忠加元服，內外文武職事五品已上爲父後者，賜勳一級。大酺三日。

三月，營州都督程名振破高麗於貴端水。嘉州辛道讓妻一產四男。壬戌，昭儀武氏著內訓一篇。

夏五月癸未，命左屯衞大將軍、盧國公程知節等五將軍帥師出葱山道以討賀魯。黃門侍郎、潁川郡公韓瑗爲侍中，中書侍郎、南陽男來濟爲中書令。兼吏部尚書、河東縣男柳奭貶遂州刺史。

六月，大食國遣使朝貢。

秋七月乙亥，侍中、固安縣公崔敦禮爲中書令。乙酉，均天下州縣公廨。

八月，尚藥奉御蔣孝璋員外特置，仍同正。員外同正，自蔣孝璋始也。己酉，大理更置少卿一員。先是大雨，道路不通，京師米價暴貴，出倉粟糶之，京師東西二市置常平倉。

九月庚午，尚書右僕射、河南郡公褚遂良以諫立武昭儀，貶授潭州都督。乙酉，洛州大水，毁天津橋。

冬十月己酉，廢皇后王氏爲庶人，立昭儀武氏爲皇后，大赦天下。

十一月丁卯朔，臨軒，命司空勣、左僕射志寧册皇后，文武羣官及番夷之長，奉朝皇后於肅義門。十一月己巳，皇后見于廟。癸酉，追贈后父故工部尙書、應國公、贈幷州都督武士彠爲司空。丙子，淄州高苑縣吳文威妻魏氏一產四男，三見育。癸巳，應國夫人楊氏改封代國夫人。

十二月，遣禮部尙書、高陽縣男許敬宗每日待詔於武德殿西門。

七年春正月辛未，廢皇太子忠爲梁王，立代王弘爲皇太子。壬申，大赦，改元爲顯慶。文武九品已上及五品已下子爲父後者，賜勳官一轉。大酺三日。甲子，尙書左僕射兼太子少師、燕國公于志寧兼太子太傅，侍中韓瑗、中書令來濟、禮部尙書許敬宗，並爲太子賓客、始有賓客也。御玄武門，餞葱山道大總管程知節。

二月庚寅，名破陣樂爲神功破陣樂。辛亥，贈司空武士彠爲司徒、周國公。

三月辛巳，皇后祀先蠶于北郊。丙戌，戶部侍郎杜正倫爲守黃門侍郎、同中書門下三品。

夏四月戊申，御安福門，觀僧玄奘迎御製幷書慈恩寺碑文，導從以天竺法儀，其徒甚盛。

五月己卯，太尉長孫無忌進史官所撰梁、陳、周、齊、隋五代史志三十卷。弘文館學士許敬宗進所撰東殿新書二百卷，上自製序。

六月，岐州刺史、潞王賢爲雍州牧。

秋七月癸未，中書令兼檢校太子詹事、固安縣公崔敦禮爲太子少師、同中書門下三品。改戶部尙書爲度支尙書，侍郎亦然。

八月丙申，太子少師崔敦禮卒。左衞大將軍程知節與賀魯所部歌邏祿獲剌頡發及處月預支俟斤等戰於榆幕谷，大破之，斬首千餘級，獲駝馬牛羊萬計。

九月癸酉，初詔戶滿三萬已上爲上州，二萬已上爲中州；先爲上州、中州者各依舊。皇后製外戚誡。庚辰，括州海水泛溢，壞安固、永嘉二縣，損四千餘家。辛巳，初制都督及上州各置執刀十五人，中州、下州十人。癸未，初置驃騎大將軍，官爲從一品。程知節與賀魯男咥運戰，斬首數千級，進至怛篤城，俘其部落戶口及貨物鉅積。

冬十一月乙丑，皇子顯生，詔京官、朝集使各加勳級〔八〕。

十二月乙酉，置算學。左屯衞大將軍程知節坐討賀魯逗留，追賊不及，減死免官。罷蘭州都督，鄯州置都督。

二年春正月庚寅，幸洛陽。命右屯衞將軍蘇定方等四將軍爲伊麗道將軍，帥師以討賀魯。

二月辛酉，入洛陽宮，曲赦洛州。庚午，封皇第七子顯爲周王，徙封許王素節爲郇王。

三月甲子，中書侍郎李義府爲中書令兼檢校御史大夫，黃門侍郎杜正倫兼度支尚書，依舊同中書門下三品。

夏五月丙申，幸明德宮。

秋七月丁亥，還洛陽宮。

八月丁卯，侍中、潁川縣公韓瑗左授振州刺史，中書令兼太子詹事、南陽侯來濟左授台州刺史，皆坐諫立武昭儀爲皇后，救褚遂良之貶也。禮部尚書、高陽郡公許敬宗爲侍中，以立武后之功也。

九月庚寅，度支尚書杜正倫爲中書令。

冬十月戊戌，親講武於許、鄭之郊，曲赦鄭州。遣使祭鄭大夫國僑、漢太丘長陳寔墓。

十二月乙卯，還洛陽宮。庚午，改「昬」「葉」字〔九〕。丁卯，手詔改洛陽宮爲東都，洛州官員階品並准雍州。廢穀州，以福昌等四縣，幷懷州河陽、濟源、溫，鄭州汜水並隸洛州。己巳，中書省置起居舍人兩員，品同起居郎。庚午，以周王顯爲洛州牧。壬午，分散騎常侍爲左右各兩員，其右散騎常侍隸中書省。

三年春正月戊子，太尉、趙國公無忌等脩新禮成，凡一百三十卷，二百五十九篇，詔頒於天下。

二月丁巳，車駕還京。壬午，親錄囚徒，多所原宥。蘇定方攻破西突厥沙鉢羅可汗賀魯及咥運、闕啜。賀魯走石國，副將蕭嗣業追擒之，收其人畜前後四十餘萬。甲寅，西域平，以其地置濛池、崑陵二都護府〔一〇〕。復於龜茲國置安西都護府，以高昌故地爲西州。置懷化大將軍正三品，歸化將軍從三品，以授初附首領，仍分隸諸衞。

六月，程名振攻高麗。

九月，廢書、算、律學。有司奏請造排車七百乘，擬行幸載排城；上以爲勞民，乃於舊頓置院牆焉。

冬十一月乙酉，兼中書令、皇太子賓客兼檢校御史大夫、河間郡公李義府左授普州刺史，兼中書令、皇太子賓客、襄陽郡公杜正倫左授橫州刺史。中書侍郎李友益除名，配流嶲州。戊戌，侍中許敬宗權檢校中書令。戊子，侍中、皇太子賓客、權檢校中書令、高陽郡公許敬宗爲中書令〔一一〕，賓客已下如故；大理卿辛茂將爲侍中。鴻臚卿蕭嗣業於石國取賀魯至，獻於昭陵。甲辰，開府儀同三司、鄂國公尉遲敬德薨。

四年春二月乙亥，上親策試舉人，凡九百人，惟郭待封、張九齡五人居上第，令待詔弘文館，隨仗供奉。

三月，以左驍衞大將軍、郕國公契苾何力往遼東經略。

夏四月己未，太子太傅、尚書左僕射、燕國公于志寧爲太子太師，仍同中書門下三品。乙丑，黃門侍郎許圉師同中書門下三品。丙戌，太子太師、同中書門下三品、燕國公于志寧免官，放還私第。戊戌，太尉、揚州都督、趙國公無忌帶揚州都督於黔州安置，依舊準一品供給。

五月丙申，兵部尚書任雅相、度支尚書盧承慶並參知政事。

秋七月壬子，普州刺史李義府爲吏部尚書，同中書門下三品。

冬十月乙巳，皇太子加元服，大赦天下，文武五品已上子孫爲父祖後者加勳官一級，大酺三日。

閏十月戊寅，幸東都，皇太子監國。戊戌，至東都。

十一月，以中書侍郎許圉師爲散騎常侍、檢校侍中。戊午，兼侍中辛茂將卒。癸亥，以邢國公蘇定方爲神丘道總管，劉伯英爲嵎夷道總管。

五年春正月甲子，幸幷州。二月辛巳，至幷州。丙戌，宴從官及諸親、幷州官屬父老，賜帛有差。曲赦幷州及管內諸州。義旗初職事五品已上身亡歿墳墓在幷州者，令所司致祭。佐命功臣子孫及大將軍府僚佐已下今見存者，賜階級有差，量才處分。起義之徒職事一品已下，賜物有差。年八十已上，版授刺史、縣令。佐命功臣食別封身已歿者，爲後子孫各加兩階。賜酺三日。甲午，祠舊宅，以武士彠、殷開山、劉政會配食。

三月丙午，皇后宴親族鄰里故舊於朝堂，命婦婦人入會於內殿，及皇室諸親賜帛各有差，及從行文武五品以上。制以皇后故鄉幷州長史、司馬各加勳級。又皇后親預會，每賜物一千段，期親五百段，大功已下及無服親、鄰里故舊有差。城內及諸婦女年八十已上，各版授郡君，仍賜物等。己酉，講武於幷州城西，上御飛閣，引羣臣臨觀。辛亥，發神丘道軍伐百濟。丁巳，左右領始改左右千牛。

夏四月戊寅，車駕還東都，造八關宮于東都苑內。癸亥，至自幷州。

五月壬戌，幸八關宮，改爲合璧宮。

六月庚午朔，日有蝕之。辛卯，詔文武五品已上四科舉人。甲午，駕還東都。

秋七月乙巳，廢梁王忠爲庶人，徙於黔州。戊辰，度支尚書、同中書門下三品盧承慶以罪免。

八月庚辰，蘇定方等討平百濟，面縛其王扶餘義慈。國分爲五部，郡三十七，城二百，戶七十六萬，以其地分置熊津等五都督府。曲赦神丘、禺夷道總管已下，賜天下大酺三日。

九月戊午，賜英國公勣墓塋一所。

冬十月丙子，代國夫人楊氏改榮國夫人，品第一，位在王公母妻之上。

十一月戊戌朔，邢國公蘇定方獻百濟王扶餘義慈、太子隆等五十八人俘於則天門，責而宥之。乙卯，狩於許、鄭之郊。

十二月己卯，至自許州。

六年春正月乙卯，於河南、河北、淮南六十七州募得四萬四千六百四十六人，往平壤帶方道行營。

二月乙未，以益、綿等州皆言龍見，改元。曲赦洛州。

龍朔元年三月丙申朔，改元。壬戌，幸合璧宮。

夏五月丙申，命左驍衛大將軍、涼國公契苾何力爲遼東道大總管，左武衛大將軍、邢國公蘇定方爲平壤道大總管，兵部尚書、同中書門下三品、樂安縣公任雅相爲浿江道大總管，以伐高麗。是日，皇后請禁天下婦人爲俳優之戲，詔從之。甲子晦，日有蝕之。

六月庚寅，中書令許敬宗等進累璧六百三十卷，目錄四卷。

秋七月癸卯，車駕還東都。

八月丙戌，令諸州舉孝行尤著及累葉義居可以勵風俗者。

九月甲辰，以河南縣大女張年百三歲，親幸其第。又幸李勣之第。天宮寺是高祖潛龍時舊宅，上周歷殿宇，感愴久之，度僧二十人。皇后至許園師第。壬子，徙封潞王賢爲沛王。是日，以雍州牧、幽州都督、沛王賢爲揚州都督、左武候大將軍，牧如故。以洛州牧、周王顯爲并州都督。是日，敕中書門下五品已上諸司長官、尚書省侍郎并諸親三等已上，並詣沛王宅設宴禮，奏九部樂。禮畢，賜帛雜綵等各有差。

冬十月丁卯，狩于陸渾。癸酉，還宮。

是歲，新羅王金春秋卒，其子法敏嗣立。

二年春正月乙巳，太府寺更置少卿一員，分兩京檢校。丙午，東都初置國子監，并加學生等員，均分於兩都教授。

二月甲子，改京諸司及百官名：尚書省爲中臺，門下省爲東臺，中書省爲西臺，左右僕射爲左右匡政，左右丞爲肅機，侍中爲左相，中書令爲右相，自餘各以義訓改之。又改六宮內職名。甲戌，司戎太常伯、浿江道總管、樂安縣公任雅相卒於軍。

三月甲申，自東都還京。癸丑，幸同州。蘇定方破高麗于葦島，又進攻平壤城，不克而還。

夏四月庚申朔，至自東都。辛巳，造蓬萊宮成，徙居之。

五月丙申，左侍極許圉師爲左相。乙巳，復置律、書、算三學。

六月己未朔，皇子旭輪生。乙丑，初令道士、女冠、僧、尼等，並盡禮致拜其父母。乙亥，制蓬萊宮諸門殿亭等名。

秋七月丁亥朔，以東宮誕育滿月，大赦天下，賜酺三日。

八月甲午，右相許敬宗乞骸骨。壬寅，許敬宗爲太子少師，同東西臺三品，仍知西臺事。

九月，司禮少常伯孫茂道奏稱：「八品、九品舊令著青，亂紫，非卑品所服，望令著碧。」詔從之。戊寅，前吏部尚書、河間郡公李義府起復爲司列太常伯，同東西臺三品。

冬十月丁酉，幸溫湯，皇太子弘監國。丁未，至自溫湯。庚戌，西臺侍郎上官儀同東西臺三品。

十一月辛未，左相許圉師下獄。癸酉，封皇第四子旭輪爲殷王。

十二月辛丑，改魏州爲冀州大都督府〔三〕，改冀州爲魏州。又以幷、揚、荆、益四都督府並爲大都督府。沛王賢爲揚州大都督，周王顯爲幷州大都督，殷王旭輪遙領冀州大都督。左相許圉師解見任。

三年春正月，左武衞大將軍鄭仁泰等帥師討鐵勒餘種，盡平之。乙丑，司列太常伯李義府爲右相。

二月丙戌，隴、雍、同、岐等一十五州戶口，徵修蓬萊宮。癸巳，置太子左右諭德及桂坊大夫等官員，改司經局爲桂坊館，崇賢館罷隸左春坊。丁酉，減京官一月俸，助修蓬萊宮。庚戌，詔曰：「天德施生，陽和在節，言念幽圄，載惻分宵。雖復每有哀矜，猶恐未免枉濫。在京繫囚應流死者，每日將二十人過。」於是親自臨問，多所原宥，不盡者令皇太子錄之。詔以書學隸蘭臺，算學隸秘閣，律學隸詳刑寺。改燕然都護府爲瀚海都護府，瀚海都護府爲雲中都護府。

二月，前左相許圉師左遷虔州刺史。太子弘撰瑤山玉彩成，書凡五百卷。

夏四月乙丑，右相李義府下獄。戊子，李義府除名，配流巂州。丙午，幸蓬萊宮新起含元殿。

秋八月癸卯，彗星見於左攝提。戊申，詔百僚極言正諫。命司元太常伯竇德玄、司刑太常伯劉祥道等九人爲持節大使，分行天下。仍令內外官五品已上各舉所知。

冬十月丙申，絳州麟見于介山。丙午，含元殿前麟趾見。

十一月癸酉，雨冰。

十二月庚子，詔改來年正月一日爲麟德元年。

麟德元年春正月甲子，改雲中都護府爲單于大都護府，官品同大都督府。

二月丁亥，加授殷王旭輪單于大都護。戊子，幸萬年宮。

三月辛亥，展大射禮〔三〕。丁卯，長女追封安定公主，謚曰思，其鹵簿鼓吹及供葬所須，並如親王之制，於德業寺遷于崇敬寺。

夏四月，衞州刺史、道王元慶薨。

五月，許王孝薨。乙卯，於昆明之弄棟川置姚州都督府。

秋八月丙子朔，至自萬年宮，便幸舊宅。己卯，降萬年縣繫囚，因幸大慈恩寺。壬午，還蓬萊宮。戊子，兼司列太常伯、檢校沛王府長史、城陽縣侯劉祥道兼右相〔四〕，大司憲竇德玄兼司元太常伯、檢校左相。

九月己卯，詔曰：「周京兆尹、左右宮伯大將軍、司衞上將軍、少冢宰、廣陵郡公宇文孝伯，忠亮存心，貞堅表志。淫刑既逞，方納諫而求仁；忍忌將加，甘捐軀而徇節。年載雖久，風烈猶生，宜峻徽章，式旌胤胄。其孫左威衞長史思純，可加授朝散大夫。」

十二月丙戌，殺西臺侍郎上官儀。戊子，庶人忠坐與儀交通，賜死。右相、城陽縣侯劉祥道爲司禮太常伯。太子右中護檢校西臺侍郎樂彥瑋、西臺侍郎孫處約同知政事。

是冬無雪。

二年春正月壬午，幸東都。丁酉，幸合璧宮。戊子，盧、雍、洛二州及諸司四。甲子，以發向泰山，停選。

三月甲寅，兼司戎太常伯、永安郡公姜恪同東西臺三品。辛未，東都造乾元殿成。

閏月癸酉，日有蝕之。

四月丙午，曲赦桂、廣、黔三都督府管內大辟罪已上。丙寅，講武邙山之陽，御城北樓觀之。戊辰，左侍極、仍檢校大司成、嘉興縣子陸敦信爲檢校右相，其大司成宜停。西臺侍郎孫處約、樂彥瑋並停知政事。

五月辛卯，以秘閣郎中李淳風造曆成，名麟德曆，頒之。以司空、英國公李勣，少師、高陽郡公許敬宗，右相、嘉興縣子陸敦信，左相、鉅鹿男竇德玄爲檢校封禪使。

六月，鄜州大水，壞城邑。

秋七月，鄧王元裕薨。

冬十月戊午，皇后請封禪，司禮太常伯劉祥道上疏請封禪。癸亥，高麗王高藏遣其子福男來朝。丁卯，將封泰山，發自東都。是歲大稔，米斗五錢，麰麥不列市。

十一月丙子，次于原武，以少牢祭漢將紀信墓，贈驃騎大將軍。庚寅，華州刺史、燕國公于志寧卒。

十二月丙午，御齊州大廳。乙卯，命有司祭泰山。丙辰，發靈巖頓。

校勘記

〔一〕有司請改治書侍御史爲御史中丞　「有司請」三字各本原無，據册府卷三補。

〔二〕不許　各本原作「詔」字，據册府卷三改。

〔三〕尚書右僕射　「右」字各本原作「左」，據本卷上下文及本書卷七八于志寧傳、册府卷七二、通鑑卷一九九改。

〔四〕侍郎　十七史商榷卷七〇云：「季輔爲侍中，非侍郎。」本卷下文及本書卷七八高季輔傳亦作「侍中」。

〔五〕同中書門下三品　「同中書」各本原無，據册府卷七二、新書卷三高宗紀補。

〔六〕旅賁郎將　「將」字各本原無，據通典卷三〇補。

〔七〕大拂廬　「拂廬」二字各本原作「驢」，據本書卷一九六上吐蕃傳、册府卷九七〇改。

〔八〕京官朝集使　「京」字各本原作「宗」，據新書卷三高宗紀改。册府卷八〇作「京職事九品以上及朝集使」。

〔九〕改昬葉字　「字」字各本原作「宮」，十七史商榷卷七〇云：「校本『宮』字作『字』。以意揣之，必是昬字之上民字，葉字之中世字犯諱，故改昬從氏，改葉從册。校本是。」今從葉校本改。

〔一〇〕濛池崑陵二都護府　「護」字各本原作「督」，據本書卷四〇地理志、卷一九四下突厥傳及新書卷四三下地理志、卷二一五下突厥傳改。

〔一一〕高陽郡公　「郡」字各本原作「縣」，據本卷上下文及合鈔卷四高宗紀改。

〔一二〕冀州大都督府　「冀州」二字各本原無，據本書卷五高宗紀、卷三九地理志補。

〔一三〕展大射禮　「射」字各本原作「赦」，據唐會要卷二六、御覽卷一一〇改。

〔一四〕城陽縣侯　本書卷八一劉祥道傳作「陽城縣侯」。

舊唐書卷五

本紀第五

高宗下

麟德三年春正月戊辰朔，車駕至泰山頓。是日親祀昊天上帝於封祀壇，以高祖、太宗配饗。己巳，帝升山行封禪之禮。庚午，禪於社首，祭皇地祇，以太穆太皇太后、文德皇太后配饗；皇后爲亞獻，越國太妃燕氏爲終獻。辛未，御降禪壇。壬申，御朝覲壇受朝賀。改麟德三年爲乾封元年，諸行從文武官及朝覲華戎岳牧、致仕老人朝朔望者，三品已上賜爵二等，四品已下、七品以上加階，八品已下加一階，勳一轉。諸老人百歲已上版授下州刺史，婦人郡君；九十、八十節級。齊州給復一年半，管嶽縣二年。所歷之處，無出今年租賦。乾封元年正月五日已前，大赦天下，賜酺七日。癸酉，宴羣臣，陳九部樂，賜物有差，日昳而罷。丙子，皇太子弘設會。丁丑，以前恩薄，普進爵及階勳等，男子賜古爵。兗州界置紫雲、仙鶴、萬歲觀，封巒、非煙、重輪三寺。天下諸州置觀、寺一所。丙戌，發自泰山。甲午，次曲阜縣，幸孔子廟，追贈太師，增修祠宇，以少牢致祭。其褒聖侯德倫子孫，並免賦役。

二月己未，次亳州。幸老君廟，追號曰太上玄元皇帝，創造祠堂；其廟置令、丞各一員。改谷陽縣爲眞源縣，縣內宗姓特給復一年。

夏四月甲辰，車駕至自泰山，先謁太廟而後入。

五月庚寅，改鑄乾封泉寶錢。

六月壬寅，高麗莫離支蓋蘇文死。其子男生繼其父位，爲其弟男建所逐，使其子獻誠詣闕請降，詔左驍衞大將軍契苾何力率兵以應接之。

秋七月乙丑，徙封殷王旭輪爲豫王。庚午，左侍極、檢校右相、嘉興子陸敦信緣老病乞辭機揆，拜大司成，兼知左侍極。大司憲兼檢校右中護劉仁軌兼右相、檢校右中護。

八月辛丑，兼司元太常伯、兼檢校左相、鉅鹿男竇德玄卒。丁未，殺司衞少卿武惟良、淄州刺史武懷運，仍改姓蝮氏。

冬十月己酉，命司空、英國公勣爲遼東道行軍大總管，以伐高麗。

二年春正月丁丑，以去冬至于是月無雨雪，避正殿，減膳，親錄囚徒。罷乾封錢，復行開元通寶錢。

二月戊戌，涪陵郡王愔薨。辛丑，改萬年宮依舊名九成宮。

夏六月乙卯，西臺侍郎楊武，西臺侍郎、道國公、檢校太子左中護戴至德，正諫議大夫、檢校東臺侍郎、安平郡公李安期，東臺侍郎張文瓘，並同東西臺三品。

秋八月己丑朔，日有蝕之。丙辰，東臺侍郎李安期出爲荆州大都督府長史。

三年春正月庚寅，詔繕工大監兼瀚海都護劉審禮爲西域道安撫大使。壬子，以右相劉仁軌爲遼東道副大總管。

二月戊午，遼東道破薛賀水五萬人，陣斬首五千餘級，獲生口三萬餘人，器械牛馬不可勝計。

丙寅，以明堂制度歷代不同，漢、魏以還，彌更訛舛，遂增損古今，新制其圖。下詔大赦，改元爲總章元年。二月戊寅，幸九成宮。己卯，分長安、萬年置乾封、明堂二縣，分理於京城之中。癸未，皇太子弘釋奠於國學，贈顏回太子少師，曾參太子少保。

夏四月丙辰，有彗星見於畢、昴之間。乙丑，上避正殿，減膳，詔內外羣官各上封事，極言過失。於是羣臣上言：「星雖孛而光芒小，此非國眚，不足上勞聖慮，請御正殿，復常饌。」帝曰：「朕獲奉宗廟，撫臨億兆，譴見于天，誠朕之不德也，當責躬修德以禳之。」羣臣復進曰：「星孛于東北，此高麗將滅之徵。」帝曰：「高麗百姓，卽朕之百姓也。既爲萬國之主，豈可推過於小蕃！」竟不從所請。乙亥，彗星滅。辛巳，西臺侍郎楊武卒。

秋八月癸酉，至自九成宮。

九月癸巳，司空、英國公勣破高麗，拔平壤城，擒其王高藏及其大臣男建等以歸。境內盡降，其城一百七十，戶六十九萬七千，以其地爲安東都護府，分置四十二州。

二年春正月，封諸王嫡子皆爲郡王。

二月，東臺侍郎、同東西臺三品兼知左史事張文瓘署位，始入銜。

三月，東臺侍郎郝處俊同東西臺三品。癸酉，皇后親祀先蠶。

夏四月乙酉，幸九成宮。置司列少常伯、司戎少常伯各兩員。

五月庚子，移高麗戶二萬八千二百，車一千八十乘，牛三千三百頭，馬二千九百匹，駝六十頭，將入內地，萊、營二州般次發遣，量配於江、淮以南及山南、并、涼以西諸州空閑處安置。

六月戊申朔，日有蝕之。括州大風雨，海水泛溢永嘉、安固二縣城郭，漂百姓宅六千八百四十三區，溺殺人九千七十、牛五百頭，損田苗四千一百五十頃。冀州大水，漂壞居人廬舍數千家。並遣使賑給。

秋七月，劍南益、瀘、嶲、茂、陵、邛、雅、緜、翼、維、始、簡、資、榮、隆、果、梓、普、遂等一十九州旱，百姓乏絕，總三十六萬七千六百九十戶，遣司珍大夫路勵行存問賑貸。癸巳，冀州大都督府奏，自六月十三日夜降雨，至二十日水深五尺，其夜暴水深一丈已上，壞屋一萬四千三百九十區，害田四千四百九十六頃。遣右衞大將軍、涼國公契苾何力爲鴐海道行軍大總管。

秋八月甲戌，改瀚海都護府爲安北都護府。

九月己亥，發自九成宮。壬寅，停華林頓，大蒐于岐。乙巳，至岐州。高祖初仕隋爲扶風太守，故曲赦岐州管內。高祖時胥徒隨材擢用，賜高年衣物粟帛各有差。

冬十月丁巳，至自九成宮。

十一月庚辰，發九州人夫，轉發太原倉米粟入京。丁亥，徙封豫王旭輪爲冀王，仍令單名輪。

十二月戊申，司空、太子太師、英國公勣薨。

是冬無雪。

三年春正月丁丑，右相、樂成男劉仁軌致仕。辛卯，列遼東地爲州縣。

二月戊申，以旱，親錄囚徒，祈禱名山大川。癸丑，日色出如赭。

三月甲戌朔，大赦天下，改元爲咸亨元年。三月丁丑，改蓬萊宮爲含元殿。壬辰，太子少師、同東西臺三品許敬宗致仕。

夏四月，吐蕃寇陷白州等一十八州，又與于闐合衆襲龜茲撥換城，陷之。罷安西四鎭。辛亥，以右威衞大將軍薛仁貴爲邏娑道行軍大總管，右衞員外大將軍阿史那道眞、左衞將軍郭待封爲副，領兵五萬以擊吐蕃。庚午，幸九成宮。雍州大雨雹。

五月丙戌，詔曰：「諸州縣孔子廟堂及學館有破壞并先來未造者，遂使生徒無肄業之所，先師闕奠祭之儀，久致飄露，深非敬本。宜令所司速事營造。」

六月壬寅朔，日有蝕之。

秋七月戊子，前西臺侍郎李敬玄起復本職，仍依舊同東西臺三品。薛仁貴、郭待封至大非川，爲吐蕃大將論欽陵所襲，大敗，仁貴等並坐除名。吐谷渾全國盡沒，唯慕容諸曷鉢及其親信數千帳內屬，仍徙於靈州界。

八月甲子，至自九成宮。梁州都督、趙王福薨。丙寅，以久旱，避正殿，尙食減膳。

九月甲申，衞國夫人楊氏薨，贈魯國夫人，諡曰忠烈。

閏月壬子，故贈司徒、周忠孝公士彠贈太尉、太子太師、太原郡王，贈魯國忠烈太夫人贈太原王妃。甲寅，葬太原王妃，京官文武九品已上及外命婦，送至便橋宿次。

冬十月癸酉，大雪，平地三尺餘，行人凍死者贈帛給棺木。令雍、同、華州貧窶之家，有年十五已下不能存活者，聽一切任人收養爲男女，充驅使，皆不得將爲奴婢。丙申，太子右中護兼攝正諫大夫、同東西臺三品趙仁本爲左肅機，罷知政事。

十二月庚寅，諸司及百官各復舊名。

是歲，天下四十餘州旱及霜蟲，百姓飢乏，關中尤甚。詔令任往諸州逐食，仍轉江南租米以賑給之。

二年春正月乙巳，幸東都。留皇太子弘於京監國，令侍臣戴至德、張文瓘、李敬玄等輔之。唯以閻立本、郝處俊從。甲子，至東都。

二月丁亥，雍州人梁金柱請出錢三千貫賑濟貧人。

夏四月戊子，大風折木。

六月戊寅，左散騎常侍兼檢校秘書、太子賓客、周國公武敏之以罪復本姓賀蘭氏，除名，流雷州。丁亥，以旱，親錄囚徒。

秋九月，地震。司徒、潞州刺史、徐王元禮薨。

冬十月，搜揚明達禮樂之士。

十一月甲午朔，日有蝕之。庚戌，幸許、汝等州教習。癸酉，冬狩，校獵於許州葉縣昆水之陽。

十二月丙戌，還東都。

三年春正月辛丑，發梁、益等一十八州兵募五千三百人，遣右衞副率梁積壽往姚州擊叛蠻。辛未，制雍、洛二州人聽任本州官。

二月己卯，侍中、永安郡公姜恪卒於河西鎮守。

夏四月戊寅，幸合璧宮。壬午，於水南教旗。上問中書令閻立本、黄門侍郎郝處俊：「伊尹負鼎俎干湯，應是補緝時政，不知鑄鼎所緣，復在何國？將爲國之重器，歷代傳寶？」閻立本以古義對。

五月乙未，五品已上改賜新魚袋，並飾以銀；三品已上各賜金裝刀子、礪石一具。

六月丙子，於洛州柏崖置倉。

八月壬子，特進、高陽郡公許敬宗卒。

九月乙卯，冀州大都督府復爲魏州，魏州復爲冀州。壬寅，沛王賢徙封雍王。

冬十月己未，皇太子監國。壬戌，車駕還京師。乙亥，中書侍郎、同中書門下三品、道國公戴至德加兼戶部尚書，黃門侍郎、同中書門下三品張文瓘檢校大理卿，黃門侍郎、甑山縣公、同中書門下三品郝處俊爲中書侍郎，兼檢校吏部侍郎、同中書門下三品李敬玄爲吏部侍郎，並依舊同中書門下三品。

十一月戊子朔，日有蝕之。甲辰，至自東都。

十二月癸卯，太子左庶子劉仁軌同中書門下三品。

是冬，左監門大將軍高侃大敗新羅之衆於橫水。

四年春正月甲午，詔咸亨初收養爲男女及驅使者，聽量酬衣食之直，放還本處。丙辰，絳州刺史、鄭王元懿薨。

二月壬午，以左金吾將軍裴居道女爲皇太子弘妃。

夏四月丙子，幸九成宮。

閏五月丁卯，燕山道總管李謹行破高麗叛黨於瓠盧河之西，高麗平壤餘衆遁入新羅。

秋七月庚午，九成宮太子新宮成，上召五品已上諸親宴太子宮，極歡而罷。辛巳，婺州暴雨，水泛溢，漂溺居民六百家，詔令賑給。

八月辛丑，上痁疾，令太子受諸司啓事。己酉，大風毀太廟鴟吻。

冬十月壬午，中書令、博陵縣子閻立本卒。乙未，皇太子弘納妃畢，曲赦岐州，大酺三日。庚子，還京師。乙巳，至自九成宮。

十一月丙寅，上製樂章，有上元、二儀、三才、四時、五行、六律、七政、八風、九宮、十洲、得一、慶雲之曲，詔有司，諸大祠享即奏之。

十二月丙午，弓月、疎勒二國王入朝請降。

五年春二月壬午，遣太子左庶子、同中書門下三品劉仁軌爲雞林道大總管，以討新羅，仍令衞尉卿李弼、右領大將軍李謹行副之。

三月辛亥朔，日有蝕之。己巳，皇后祀先蠶。

夏四月辛卯，以尙輦奉御、周國公武承嗣爲宗正卿。

五月己未，詔：「春秋二社，本以祈農，如聞此外別爲邑會。此後除二社外，不得聚集，有司嚴加禁止。」

六月壬寅，太白入東井。

秋八月壬辰，追尊宣簡公爲宣皇帝，懿王爲光皇帝，太祖武皇帝爲高祖神堯皇帝，太宗文皇帝爲文武聖皇帝，太穆皇后爲太穆神皇后，文德皇后爲文德聖皇后。皇帝稱天皇，皇后稱天后。改咸亨五年爲上元元年，大赦。戊戌，敕文武官三品已上服紫，金玉帶；四品深緋，五品淺緋，並金帶；六品深綠，七品淺綠，並銀帶；八品深青，九品淺青，鍮石帶；庶人服黃，銅鐵帶。一品已下文官，並帶手巾、算袋、刀子、礪石，武官欲帶亦聽之。

九月辛亥，百僚具新服，上宴之於麟德殿。癸丑，追復長孫無忌官爵，仍以其曾孫翼襲封趙國公，許歸葬於昭陵先造之墳。

十一月丙午朔，幸東都。己酉，狩於華山之曲武原。戊辰，至東都。

十二月，蔣王惲薨。戊子，于闐王伏闍雄來朝。辛卯，波斯王卑路斯來朝。壬寅，天后上意見十二條，請王公百僚皆習老子，每歲明經一準孝經、論語例試於有司。又請子父在爲母服三年。虢王鳳薨。

二年春正月甲寅，熒惑犯房。壬戌，支汗郡王獻碧玻璃。丙寅，以于闐爲毗沙都督府，以尉遲伏闍雄爲毘沙都督，分其境內爲十州，以伏闍雄有擊吐蕃功故也。庚午，龜茲王白素稽獻銀頗羅。辛未，吐蕃遣其大臣論吐渾彌來請和，不許。

二月，雞林道行軍大總管大破新羅之衆於七重城，斬獲甚衆。新羅遣使入朝獻方物，伏罪；赦之，復其王金法敏官爵。

三月丁未，日色如赭。丁巳，天后親蠶於邙山之陽。時帝風疹不能聽朝，政事皆決於天后。自誅上官儀後，上每視朝，天后垂簾於御座後，政事大小皆預聞之，內外稱爲「二聖」。帝欲下詔令天后攝國政，中書侍郎郝處俊諫止之。

夏四月，分括州永嘉、永固二縣置温州，析臨海縣爲樂安、永寧二縣。辛巳，周王顯妃趙氏以罪幽死。己亥，皇太子弘薨于合璧宮之綺雲殿。時帝幸合璧宮，是日還東都。

五月己亥，追謚太子弘爲孝敬皇帝。

六月戊寅，以雍王賢爲皇太子，大赦。

秋七月辛亥，洛州復置緱氏縣，以管孝敬皇帝恭陵。慈州刺史、杞王上金坐事，於澧州安置。

八月庚子，太子左庶子、同中書門下三品、樂成侯劉仁軌爲左僕射，依舊監修國史；中書門下三品、大理卿張文瓘爲侍中；中書侍郎、同三品、甑山公郝處俊爲中書令，監修國史如故；吏部侍郎、檢校太子左庶子、監修國史李敬玄吏部尚書兼太子左庶子、同中書門下三品，依前監修國史；左丞許圉師爲戶部尚書。

九月丙午，宰相劉仁軌、戴至德、張文瓘、郝處俊並兼太子賓客。

冬十月，析永州營道、江華、唐興三縣置道州。壬午，星孛於角、亢之南，長五尺。

十二月丁亥，龜茲王白素稽獻名馬。

三年春正月戊戌，徙封冀王輪爲相王。

二月甲戌，移安東都護府於遼東。乙亥，堅昆獻名馬。丁亥，幸汝州之溫湯。

三月癸卯，黃門侍郎來恆、中書侍郎薛元超並同中書門下三品。甲辰，還東都。

閏三月己巳朔〔一〕，吐蕃入寇鄯、廓、河、芳等四州。乙酉，洛州牧、周王顯爲洮州道行軍元帥〔三〕，領工部尚書劉審禮等十二總管；并州都督、相王輪爲涼州道行軍元帥，領左衞將軍契苾何力等軍，以討吐蕃。二王竟不行。戊午，敕制比用白紙，多爲蟲蠹，今後尚書省下諸司、州、縣，宜並用黃紙。其承制敕之司，量爲卷軸，以備披檢。庚寅，車駕還京。

夏四月戊申，至自東都。甲寅，中書侍郎李義琰同中書門下三品。戊午，幸九成宮。

六月癸丑，黃門侍郎高智周同中書門下三品。

秋七月，彗起東井，指北河，漸東北，長三丈，掃中台，指文昌宮，五十八日方滅。八月乙未，吐蕃寇疊州。庚子，以星變，避殿，減膳，放京城繫囚，令文武官各上封事言得失。壬寅，置南選使，簡補廣、交、黔等州官吏。青、齊等州海泛溢，又大雨，漂溺居人五千家，遣使賑卹之。

九月甲子朔，車駕還京。丙申，郇王素節削戶三分之二，於袁州安置。癸丑，於北京置金鄰州〔三〕。

十一月丁卯，敕新造上元舞，圓丘、方澤、享太廟用之，餘祭則停。壬申，以陳州言鳳凰見於宛丘，改上元三年曰儀鳳元年，大赦。庚寅，吏部尚書李敬玄爲中書令。

十二月丙申，皇太子賢上所注後漢書，賜物三萬段。戊午，遣使分道巡撫：宰相來恆河南道，薛元超河北道，左丞崔知悌等江南道。

二年春正月乙亥，上躬籍田於東郊。庚辰，京師地震。壬辰，幸司竹園，卽日還宮。

二月丁巳，工部尚書高藏授遼東都督，封朝鮮郡王，遣歸安東府，安輯高麗餘衆；司農卿扶餘隆熊津州都督，封帶方郡王，令往安輯百濟餘衆。仍移安東都護府於新城以統之。

夏四月，以河南、河北旱，遣使賑給。

八月，徙封周王顯爲英王，改名哲。乙巳，太白犯軒轅。

十二月乙卯，敕關內、河東諸州召募勇敢，以討吐蕃。詔京文武職事官三品已上，每年各舉文武才能堪任將帥牧守者一人。

是冬無雪。

三年四月丁亥朔，以旱，避正殿，親錄囚徒，悉原之。戊申，大赦，改來年正月一日爲通乾。癸丑，涇州獻二小兒，連心異體，年四歲。

五月壬戌，幸九成宮。以相王輪爲洛州牧。

秋七月丁巳，宴近臣諸親於咸亨殿。上謂霍王元軌曰：「去冬無雪，今春少雨，自避暑此宮，甘雨頻降，夏麥豐熟，秋稼滋榮。又得敬玄表奏，吐蕃入龍支，張虔勗與之戰，一日兩陣，斬馘極多。又太史奏，七月朔，太陽合虧而不虧。此蓋上天垂祐，宗社降靈，豈虛薄所能致此！又男輪最小，特所留愛，比來與選新婦，多不稱情；近納劉延景女，觀其極有孝行，復是私衷一喜。思與叔等同爲此歡，各宜盡醉。」上因賦七言詩效柏梁體，侍臣並和。

九月丁巳，還京師。辛酉，至自九成宮。癸亥，侍中張文瓘卒。丙寅，洮河道行軍大總管中書令李敬玄、左衞大將軍劉審禮等與吐蕃戰于青海之上，王師敗績，審禮被俘。上以蕃寇爲患，問計於侍臣中書舍人郭正一等，咸以備邊不深討爲上策。

十月丙午，徐州刺史、密王元曉薨。

閏十月戊寅，熒惑犯鈎鈐。

十一月乙未，昏霧四塞，連夜不解。丙申，雨木冰。壬子，黃門侍郎、同中書門下三品來恆卒。

十二月，詔停明年「通乾」之號，以反語不善故也。

四年正月辛未，戶部尚書、平恩縣公許圉師卒。己酉，幸東都。庚戌，尚書右僕射、道國公戴至德薨。

二月壬戌，吐蕃贊普卒，遣使弔祭之。乙丑，東都饑，官出糙米以救饑人。

夏四月戊午，熒惑入羽林星。左丞崔知悌爲戶部尚書，中書令郝處俊爲侍中。

五月壬午，盜殺正諫大夫明崇儼。丙戌，皇太子賢監國。戊戌，造紫桂宮於澠池之西。

六月辛亥，制大赦天下，改儀鳳四年爲調露元年。

秋七月己卯朔，詔以今年冬至有事嵩岳，禮官學士詳定儀注。

八月丁巳，侍中郝處俊、左庶子高智周、黃門侍郎崔知溫、給事中劉景先兼脩國史。

九月壬午，吏部侍郎裴行儉討西突厥，擒其十姓可汗阿史那都支及別帥李遮匐以歸。

冬十月，單于大都護府突厥阿史德溫傅及奉職二部相率反叛，立阿史那泥熟匐爲可汗，二十四州首領並叛。遣單于大都護長史蕭嗣業，將軍花大智、李景嘉等討之。與突厥戰，爲賊所敗。嗣業配流桂州。壬子，令將軍曹懷舜率兵往恆州守井陘，崔獻往絳州守龍門，以備突厥。庚申，前詔封嵩山，宜停。癸亥，吐蕃文成公主遣其大臣論塞調傍來告喪，請和親，不許。遣郎將宋令文使吐蕃，會贊普之葬。

十一月戊寅朔，左庶子、同三品高智周罷知政事。癸未，以吏部侍郎裴行儉爲禮部尚書，賞擒都支、遮匐之功也。甲辰，裴行儉爲定襄道大總管，與營州都督周道務等兵十八萬，并西軍程務挺、東軍李文暕等，總三十萬以討突厥。甲寅，臨軒試應岳牧舉人。

二年春正月乙酉，宴諸王、諸司三品已上、諸州都督刺史於洛城南門樓，奏新造六合還淳之舞。

二月丙午，詔曰：「故符璽郎李延壽撰正典一部，辭彈雅正，雖已淪亡，功猶可錄，宜賜其家絹五十疋。」壬子，霍王元軌率文武百僚，請出一月俸料助軍，以討突厥。癸丑，幸汝州溫湯。丁巳，至少室山。戊午，親謁少姨廟。賜故玉淸觀道士王遠知諡曰昇眞先生，贈太中大夫。又幸隱士田游巖所居。己未，幸嵩陽觀及啓母廟，並命立碑。又幸逍遙谷道士潘師正所居。甲子，自溫湯還東都。

三月，裴行儉大破突厥於黑山，擒其首領奉職。僞可汗泥熟匐爲其部下所殺，傳首來降。

夏四月乙丑，幸紫桂宮。戊辰，黃門侍郎裴炎崔知溫、中書侍郎王德眞並同中書門下三品。

五月癸未，熒惑犯輿鬼。丁酉，太白經天。

秋七月，吐蕃寇河源，屯于良非川。河西鎭撫大使李敬玄與吐蕃將贊婆戰于湟中，官軍敗績。時左武衞將軍黑齒常之力戰，大破蕃軍，遂擢爲河源軍經略大使；令李敬玄鎭鄯州，爲之援。丙申，江王元祥薨。是月，突厥餘衆圍雲州，中郎將程務挺擊破之。

八月丁未，自紫桂宮還東都。丁巳，鄯州都督李敬玄左遷衡州刺史。甲子，廢皇太子賢爲庶人，幽於別所。

乙丑，立英王哲爲皇太子。改調露二年爲永隆元年，赦天下，大酺三日。太子左庶子、同中書門下三品張大安坐庶人左遷普州刺史。

九月，河南、河北諸州大水，遣使賑卹，溺死者官給棺櫬，其家賜物七段。冬十月壬寅，蘇州刺史曹王明封零陵郡王，於黔州安置，坐附庶人賢也。己酉，自東都還京。

十一月朔，日有蝕之。洛州饑，減價官糶，以救饑人。

二年春正月，突厥寇原、慶等州。乙亥，命將軍李知十、王杲等分兵禦之。癸巳，遣禮部尚書裴行儉爲定襄道大總管，率師討突厥温傅部落。己亥，詔雍、岐、華、同民戶宜免兩年地稅，河南、河北遭水處一年。上詔雍州長史李義玄曰：「朕思還淳返朴，示天下以質素。如聞游手墮業，此類極多，時稍不豐，便致饑饉。其異色綾錦，并花間裙衣等，靡費既廣，俱害女工。天后，我之匹敵，常著七破間裙，豈不知更有靡麗服飾，務遵節儉也。其紫服赤衣，閭閻公然服用；兼商賈富人，厚葬越禮。卿可嚴加捉搦，勿使更然。」

二月丙午，皇太子親行釋奠禮。

三月辛卯，左僕射、同三品劉仁軌兼太子少傅。侍中郝處俊爲太子少保，罷知政事。

五月丙戌，定襄道總管曹懷舜與突厥史伏念戰於横水，官軍大敗。懷舜減死，配流嶺南。

六月壬子，故江王元祥男晫以犯名教，斬於大理寺後園。

七月，太平公主出降薛紹，赦京城繫囚。

閏七月丁未，黄門侍郎裴炎爲侍中，黄門侍郎崔知温、中書侍郎薛元超並爲中書令。庚申，上以服餌，令皇太子監國。丙寅，雍州大風害稼，米價騰踊。是月，裴行儉大破突厥史伏念之衆，伏念爲程務挺急追，遂執温傅來降，行儉於是盡平突厥餘黨。行儉執伏念、温傅，振旅凱旋。

八月丁卯朔，河南、河北大水，許遭水處往江、淮已南就食。丁亥，戶部尚書崔知悌卒。辛卯，改交州爲安南都護府。

九月丙申，彗星見於天市，長五尺。

冬十月丙寅朔，日有蝕之。乙丑，改永隆二年爲開耀元年。曲赦定襄軍及緣征突厥官吏兵募等。丙寅，斬阿史那伏念及温傅等五十四人於都市。丁亥，新羅王金法敏薨，仍以其子政襲位。

十一月癸卯，徙庶人賢于巴州。

十二月，吐火羅獻金衣一領，上不受。辛未，太子少保、郇山縣公郝處俊薨。

永淳元年正月乙未朔，以年饑，罷朝會。關內諸府兵，令於鄧、綏等州就穀。二月癸未，以太子誕皇孫滿月，大赦。改開耀二年爲永淳元年，大酺三日。戊午，立皇孫重照爲皇太孫，欲開府置僚屬。吏部郎中王方慶曰：「按周禮，有嫡子無嫡孫。漢、魏已來，皇太子在，不立太孫，但封王耳。晉立愍懷太子子虨爲太孫，齊立文惠太子子昭業爲太孫，便居東宮；而皇太子在而立太孫，未有前例。」上曰：「自我作古，可乎？」曰：「可。」然竟不立府僚。

是春，關內旱，日色如赭。

四月甲子朔，日有蝕之。丙寅，幸東都。皇太子京師留守，命劉仁軌、裴炎、薛元超等輔之。上以穀貴，減扈從兵，士庶從者多殍踣於路。辛未，以裴行儉爲金牙道行軍大總管，與將軍閻懷旦等三總管兵分道討十姓突厥阿史那車薄。行儉未行而卒。安西副都護王方翼破車薄、咽麪，西域平。戊寅，次澠池之紫桂宮。乙酉，至東都。丁亥，黃門侍郎郭待舉、兵部侍郎岑長倩、中書侍郎郭正一、吏部侍郎魏玄同並同中書門下同承受進止平章事。上謂參知政事崔知溫曰：「待舉等歷任尚淺，且令預聞政事，未可卽與卿等同名稱。」自是外司四品已下知政事者，遂以平章爲名。

五月壬寅，置東都苑總監。自丙午連日澍雨，洛水溢，壞天津及中橋、立德弘敎景行諸坊，溺居民千餘家。

六月，關中初雨，麥苗澇損，後旱，京兆、岐、隴螟蝗食苗並盡，加以民多疫癘，死者枕藉於路，詔所在官司埋瘞。丁丑，以岐州刺史蘇良嗣爲雍州長史。京師人相食，寇盜縱橫。

秋七月己亥，造奉天宮於嵩山之陽，仍置嵩陽縣。又於藍田造萬全宮。庚申，零陵王明薨。

是秋，山東大水，民饑。吐蕃寇柘、松、翼等州。

冬十月甲子，京師地震。丙寅，黄門侍郎劉景先同平章事。

十二月，南天竺、于闐各獻方物。突厥餘黨阿史那骨篤祿等招合殘衆，據黑沙城，入寇并州北境。

二年春正月甲午朔，幸奉天宮，遣使祭嵩岳、少室、箕山、具茨等山，西王母、啓母、巢父、許由等祠。

二月甲午，洛州長史李仲玄爲宗正卿。庚午，突厥寇定州、嬀州之境。己卯，左領軍衞大將軍薛仁貴卒。

三月庚寅，突厥阿史那骨篤祿、阿史德元珍等圍單于都護府。丙午，彗見五車北，二十五日而滅。癸丑，中書令崔知温卒。

夏四月己巳，還東都。甲申，綏州部落稽白鐵余據城平縣反〔四〕，命將軍程務挺將兵討之。

五月庚寅，幸芳桂宮，阻雨，還東都。突厥寇蔚州，殺刺史李思儉，豐州都督崔智辨率師出朝那山掩擊之，爲賊所敗，遂寇嵐州。

秋七月己丑，封皇孫重福爲唐昌郡王。甲辰，相王輪改封豫王，更名旦。己丑，令唐昌郡王重福爲京留守，劉仁軌副之。召皇太子至東都。己巳，河水溢，壞河陽城，水面高於城內五尺，北至鹽坎，居人廬舍漂沒皆盡，南北並壞。庚戌，熒惑入輿鬼，犯質星。

十一月，皇太子來朝。癸亥，幸奉天宮。時天后自封岱之後，勸上封中岳。每下詔草儀注，即歲饑、邊事警急而止。至是復行封中岳禮，上疾而止。上苦頭重不可忍，侍醫秦鳴鶴曰：「刺頭微出血，可愈。」天后帷中言曰：「此可斬，欲刺血於人主首耶！」上曰：「吾苦頭重，出血未必不佳。」即刺百會，上曰：「吾眼明矣。」戊戌，命將軍程務挺爲單于道安撫大使，以招討總管討山賊元珍、骨篤祿、賀魯等〔五〕。詔皇太子監國，裴炎、劉齊賢、郭正一等於東宮同平章事。丁未，自奉天宮還東都。上疾甚，宰臣已下並不得謁見。

十二月己酉，詔改永淳二年爲弘道元年。將宣赦書，上欲親御則天門樓，氣逆不能上馬，遂召百姓於殿前宣之。禮畢，上問侍臣曰：「民庶喜否？」曰：「百姓蒙赦，無不感悅。」上曰：「蒼生雖喜，我命危篤。天地神祇若延吾一兩月之命，得還長安，死亦無恨。」是夕，帝崩於貞觀殿，時年五十六。宣遺詔：「七日而殯，皇太子卽位于柩前。園陵制度，務從節儉。軍國大事有不決者，取天后處分。」羣臣上諡曰天皇大帝，廟號高宗。文明元年八月庚寅，葬於乾陵。天寶十三載，改諡曰天皇大弘孝皇帝。

史臣曰：大帝往在藩儲，見稱長者；暨升旒扆，頓異明哉。虛襟似納於觸鱗，下詔無殊於扇暍。旣蕩情於帷薄，遂忽怠於基扃。惑麥斛之佞言，中宮被毒；聽趙師之誣說，元舅銜冤。忠良自是脅肩，姦佞於焉得志。卒致盤維盡戮，宗社爲墟。古所謂一國爲一人興，前賢爲後愚廢，信矣哉！

贊曰：藉文鴻業，僅保餘位。封岱禮天，其德不類。伏戎于寢，構堂終墜。自蘊禍胎，邦家殄瘁。

校勘記

〔一〕閏三月 「閏」字各本原無，據新書卷三高宗紀、通鑑卷二〇二、合鈔卷五高宗紀補。

〔二〕洮州道　本書卷八四劉仁軌傳、新書卷三高宗紀作「洮河道」。

〔三〕於北京置金鄰州　此句疑有訛誤。按新書卷四三下地理志：金鄰州，儀鳳元年置，隸安南都護府。

〔四〕部落稽　「落稽」二字各本原無，據新書卷三高宗紀、通鑑卷二〇三補。通鑑「部」作「步」。

〔五〕討山賊　「討」字各本原作「材」，據冊府卷一一九改。

舊唐書卷六

本紀第六

則天皇后

則天皇后武氏諱曌，并州文水人也。父士彠，隋大業末爲鷹揚府隊正。高祖行軍於汾、晉，每休止其家。義旗初起，從平京城。貞觀中，累遷工部尚書、荆州都督，封應國公。

初，則天年十四時，太宗聞其美容止，召入宮，立爲才人。及太宗崩，遂爲尼，居感業寺。大帝於寺見之，復召入宮，拜昭儀。時皇后王氏、良娣蕭氏頻與武昭儀爭寵，互讒毀之，帝皆不納。進號宸妃。永徽六年，廢王皇后而立武宸妃爲皇后。高宗稱天皇，武后亦稱天后。后素多智計，兼涉文史。帝自顯慶已後，多苦風疾，百司表奏，皆委天后詳決。自此內輔國政數十年，威勢與帝無異，當時稱爲「二聖」。

弘道元年十二月丁巳，大帝崩，皇太子顯即位，尊天后爲皇太后。既將篡奪，是日自臨朝稱制。庚午，加授澤州刺史、韓王元嘉爲太尉，豫州刺史、滕王元嬰爲開府儀同三司，絳州刺史、魯王靈夔爲太子太師，相州刺史、越王貞爲太子太傅，安州都督、紀王慎爲太子太保。元嘉等地尊望重，恐其生變，故進加虛位，以安其心。甲戌，劉仁軌爲尚書左僕射，岑長倩爲兵部尚書，魏玄同爲黃門侍郎，並依舊知政事。劉齊賢爲侍中，裴炎爲中書令。

嗣聖元年春正月甲申朔，改元。

二月戊午，廢皇帝爲廬陵王，幽于別所，仍改賜名哲。己未，立豫王輪爲皇帝，令居於別殿。大赦天下，改元文明。皇太后仍臨朝稱制。庚午，廢皇太孫重照爲庶人。太常卿兼豫王府長史王德眞爲侍中，中書侍郎、豫王府司馬劉禕之同中書門下三品。

三月，庶人賢死于巴州。

夏四月，滕王元嬰薨。改封畢王上金爲澤王，葛王素節爲許王。丁丑，遷廬陵王哲於均州。

閏五月，禮部尚書武承嗣同中書門下三品。

秋七月，突厥骨咄祿、元珍寇朔州，命左威衞大將軍程務挺拒之。彗星見西北方，長二丈餘，經三十三日乃滅。

九月，大赦天下，改元爲光宅。旗幟改從金色，飾以紫，畫以雜文。改東都爲神都，又改尚書省及諸司官名。初置右肅政御史臺官員。故司空李勣孫柳州司馬徐敬業僞稱揚州司馬，殺長史陳敬之，據揚州起兵，自稱上將，以匡復爲辭。

冬十月，楚州司馬李崇福率所部三縣以應敬業。命左玉鈐衞大將軍李孝逸爲大總管，率兵三十萬以討之。殺內史裴炎。丁酉，追削敬業父祖官爵，復其本姓徐氏。

十二月，前中書令薛元超卒。殺左威衞大將軍程務挺。

垂拱元年春正月，以敬業平，大赦天下，改元。劉仁軌薨。

三月，遷廬陵王哲於房州。頒下親撰垂拱格於天下。

夏四月，內史騫味道左授青州刺史。

五月，秋官尚書裴居道爲內史，納言王德眞配流象州，冬官尚書蘇良嗣爲納言。詔內外文武九品已上及百姓，咸令自舉。

是夏大旱。

二年春正月，皇太后下詔，復政於皇帝。以皇太后既非實意，乃固讓。皇太后仍依舊臨朝稱制，大赦天下。初令都督、刺史並準京官帶魚。

三月，初置匭於朝堂，有進書言事者聽投之，由是人間善惡事多所知悉。

夏四月，岑長倩爲內史。

六月，蘇良嗣爲文昌左相，天官尚書韋待價爲文昌右相，並同鳳閣鸞臺三品。右肅政御史大夫韋思謙爲納言。

三年春正月，封皇子成義爲恆王，隆基爲楚王，隆範爲衞王，隆業爲趙王。

二月，韋思謙請致仕，許之。

夏四月，裴居道爲納言，夏官侍郎張光輔爲鳳閣侍郎、同鳳閣鸞臺平章事。庚午，劉禕之賜死於家。

秋八月，地官尚書魏玄同檢校納言。

四年春二月，毀乾元殿，就其地造明堂。山東、河南甚飢乏，詔司屬卿王及善、司府卿歐陽通、冬官侍郎狄仁傑巡撫賑給。

夏四月，魏王武承嗣僞造瑞石，文云：「聖母臨人，永昌帝業。」令雍州人唐同泰表稱獲之洛水。皇太后大悅，號其石爲「寶圖」，擢授同泰游擊將軍。

五月，皇太后加尊號曰聖母神皇。

秋七月，大赦天下。改「寶圖」曰「天授聖圖」，封洛水神爲顯聖，加位特進，并立廟。就水側置永昌縣。天下大酺五日。

八月壬寅，博州刺史、琅邪王沖據博州起兵，命左金吾大將軍丘神勣爲行軍總管討之。庚戌，沖父豫州刺史、越王貞又舉兵於豫州，與沖相應。

九月，命內史岑長倩、鳳閣侍郎張光輔、左監門大將軍鞠崇裕率兵討之。丙寅，斬貞及沖等，傳首神都，改姓爲虺氏。曲赦博州。韓王元嘉、魯王靈夔、元嘉子黃國公譔、靈夔子左散騎常侍范陽王藹、霍王元軌及子江都王緒、故虢王元鳳子東莞公融坐與貞通謀，元嘉、靈夔自殺，元軌配流黔州，譔等伏誅，改姓虺氏。自是宗室諸王相繼誅死者，殆將盡矣。其子孫年幼者咸配流嶺外，誅其親黨數百餘家。

十二月己酉〔一〕，神皇拜洛水，受「天授聖圖」，是日還宮。明堂成。

永昌元年春正月，神皇親享明堂，大赦天下，改元，大酺七日。

三月，張光輔爲內史，武承嗣爲納言。

夏四月，誅蔣王惲、道王元慶、徐王元禮、曹王明等諸子孫，徙其家屬於巂州。

五月，命文昌右相韋待價爲安息道大總管以討吐蕃。

六月，令文武官五品已上各舉所知。

秋七月，紀王愼被誣告謀反，載以檻車，流于巴州，改姓虺氏。韋待價坐遲留不進，士卒多飢饉而死，配流繡州。

八月，左肅政御史大夫王本立同鳳閣鸞臺三品。辛巳，誅內史張光輔。

九月，納言魏玄同賜死于家。

冬十月，春官尙書范履冰、鳳閣侍郎邢文偉並同鳳閣鸞臺平章事。改羽林軍百騎爲千騎。

載初元年春正月，神皇親享明堂，大赦天下。依周制建子月爲正月，改永昌元年十一月爲載初元年正月〔二〕，十二月爲臘月，改舊正月爲一月，大酺三日。神皇自以「曌」字爲名，遂改詔書爲制書。

春一月，蘇良嗣爲特進，武承嗣爲文昌左相，岑長倩爲文昌右相，裴居道爲太子少傅，並依舊同鳳閣鸞臺三品。鳳閣侍郎武攸寧爲納言，邢文偉爲內史。

秋七月，殺豫章王亶，遷其父舒王元名於和州。有沙門十人僞撰大雲經，表上之，盛言神皇受命之事。制頒於天下，令諸州各置大雲寺，總度僧千人。丁亥，殺隨州刺史澤王上金、舒州刺史許王素節并其子數十人。

九月九日壬午，革唐命，改國號爲周。改元爲天授，大赦天下，賜酺七日。乙酉，加尊號曰聖神皇帝，降皇帝爲皇嗣。丙戌，初立武氏七廟於神都。追尊神皇父贈太尉、太原王士彠爲孝明皇帝。兄子文昌左相承嗣爲魏王，天官尚書三思爲梁王，堂姪懿宗等十二人爲郡王。司賓卿史務滋爲納言，鳳閣侍郎宗秦客爲內史。給事中傅游藝爲鸞臺侍郎，仍依舊知鳳閣鸞臺平章事。令史務滋等十人分道存撫天下。改內外官所佩魚並作龜。

冬十月，改并州文水縣爲武興縣，依漢豐、沛例，百姓子孫相承給復。

二年正月，親祀明堂。

春三月，改唐太廟爲享德廟。

夏四月，令釋教在道法之上，僧尼處道士女冠之前。

六月，命岑長倩率諸軍討吐蕃。左肅政御史大夫格輔元爲地官尚書，鸞臺侍郎樂思晦並同鳳閣鸞臺平章事。秋七月，徙關內雍、同等七州戶數十萬以實洛陽。分京兆置鼎、稷、鴻、宜四州。夏官尚書歐陽通知納言事。九月，傅游藝下獄死。右羽林衞大將軍、建昌王攸寧爲納言，洛州司馬狄仁傑爲地官侍郎、同鳳閣鸞臺平章事。冬十月，制官人者咸令自舉。殺文昌左相岑長倩、納言歐陽通、地官尚書格輔元。

三年正月，親祀明堂。春一月，冬官尚書楊執柔同鳳閣鸞臺平章事。三月，五天竺國並遣使朝貢。四月，大赦天下，改元爲如意，禁斷天下屠殺。秋七月，大雨，洛水泛溢，漂流居人五千餘家，遣使巡問賑貸。八月，魏王承嗣爲特進，建昌王攸寧爲冬官尚書，楊執柔爲地官尚書，並罷知政事。秋官侍郎崔元琮爲鸞臺侍郎，夏官侍郎李昭德爲鳳閣侍郎，檢校天官侍郎姚璹爲文昌左丞，地官侍郎李元素爲文昌右丞，並同鳳閣鸞臺平章事。

九月，大赦天下，改元爲長壽。改用九月爲社，大酺七日。并州改置北都。

冬十月，武威軍總管王孝傑大破吐蕃，復龜茲、于闐、疏勒、碎葉鎭。

二年春一月〔三〕，親享明堂。癸亥，殺皇嗣妃劉氏、竇氏。

臘月，改封皇孫成器爲壽春郡王，恆王成義爲衡陽郡王，隆基爲臨淄郡王，衞王隆範爲巴陵郡王，隆業爲彭城郡王。

春二月，尙方監裴匪躬坐潛謁皇嗣，腰斬於都市。

秋九月，上加金輪聖神皇帝號，大赦天下，大酺七日。辛丑，司賓卿豆盧欽望爲內史，文昌右丞韋巨源同鳳閣鸞臺平章事，秋官侍郎陸元方爲鸞臺侍郎、同鳳閣鸞臺平章事。

三年春一月，親享明堂。

三月，鳳閣侍郎李昭德檢校內史，鸞臺侍郎蘇味道同鳳閣鸞臺平章事。韋巨源爲夏官侍郎，依舊知政事。

四月，夏官尙書王孝傑同鳳閣鸞臺三品。

五月，上加尊號爲越古金輪聖神皇帝，大赦天下，改元爲延載，大酺七日。

秋八月，司賓少卿姚璹爲納言。左肅政御史中丞楊再思爲鸞臺侍郎，洛州司馬杜景儉爲鳳閣侍郎，仍並同鳳閣鸞臺平章事。梁王武三思勸率諸蕃酋長奏請大徵斂東都銅鐵，造天樞於端門之外，立頌以紀上之功業。

九月，內史李昭德左授欽州南賓縣尉。

冬十月，文昌右丞李元素爲鳳閣鸞臺平章事。

證聖元年春一月，上加尊號曰慈氏越古金輪聖神皇帝，大赦天下，改元，大酺七日。戊子，豆盧欽望、韋巨源、杜景儉、蘇味道、陸元方並左授趙、鄜、集、綏等州刺史。丙申夜，明堂災，至明而並從煨燼。庚子，以明堂災告廟，手詔責躬，令內外文武九品已上各上封事，極言正諫。

春二月，上去慈氏越古尊號。

秋九月，親祀南郊，加尊號天册金輪聖神皇帝，大赦天下，改元爲天册萬歲，大辟罪已下及犯十惡常赦所不原者，咸赦除之，大酺九日。

萬歲登封元年臘月甲申，上登封于嵩嶽，大赦天下，改元，大酺九日。丁亥，禪于少室山。己丑，又制內外官三品已上通前賜爵二等，四品已下加兩階。洛州百姓給復二年，登封、告成縣三年。癸巳，至自嵩嶽。甲午，親謁太廟。

春三月，重造明堂成。

夏四月，親享明堂，大赦天下，改元爲萬歲通天，大酺七日。以天下大旱，命文武官九品以上極言時政得失。

五月，營州城傍契丹首領松漠都督李盡忠與其妻兄歸誠州刺史孫萬榮殺都督趙文翽〔四〕，舉兵反，攻陷營州。盡忠自號可汗。乙丑，命鷹揚將軍曹仁師、右金吾大將軍張玄遇、右武威大將軍李多祚、司農少卿麻仁節等二十八將討之。

秋七月，命春官尚書、梁王三思爲安撫大使，納言姚璹爲之副。制改李盡忠爲盡滅，孫萬榮爲萬斬。

秋八月，張玄遇、曹仁師、麻仁節與李盡滅戰于西硤石黃麞谷，官軍敗績，玄遇、仁節並爲賊所虜。

九月，命右武衞大將軍、建安王攸宜爲大總管以討契丹。并州長史王方慶爲鸞臺侍郎〔五〕，與殿中監李道廣並同鳳閣鸞臺平章事。吐蕃寇涼州，都督許欽明爲賊所執。庚申，王方慶爲鳳閣侍郎，仍依舊知政事。李盡滅死，其黨孫萬斬代領其衆。

冬十月，孫萬斬攻陷冀州，刺史陸寶積死之。

十一月〔七〕，又陷瀛州屬縣。

二年正月，親享明堂。鳳閣侍郎李元素、夏官侍郎孫元亨坐與綦連耀謀反，伏誅。原州都督府司馬婁師德爲鳳閣侍郎、同鳳閣鸞臺平章事。

春二月，王孝傑、蘇宏暉等率兵十八萬與孫萬斬戰于硤石谷，王師敗績，孝傑沒於陣，宏暉棄甲而遁。

夏四月，鑄九鼎成，置于明堂之庭，前益州大都督府長史王及善爲內史。

五月，命右金吾大將軍、河內王懿宗爲大總管，右肅政御史大夫婁師德爲副大總管，右武威衞大將軍沙吒忠義爲前軍總管，率兵二十萬以討孫萬斬。

六月，內史李昭德、司僕少卿來俊臣以罪伏誅。孫萬斬爲其家奴所殺，餘黨大潰。魏王承嗣、梁王三思並同鳳閣鸞臺三品。

秋八月，納言姚璹爲益州大都督府長史。

九月，以契丹李盡滅等平，大赦天下，改元爲神功，大酺七日。婁師德爲納言。

冬十月，前幽州都督狄仁傑爲鸞臺侍郎，司刑卿杜景儉爲鳳閣侍郎，並同鳳閣鸞臺平章事。

聖曆元年正月，親享明堂，大赦天下，改元，大酺九日。

春三月，召廬陵王哲於房州。

夏五月，禁天下屠殺。突厥默啜上言，有女請和親。

秋七月，令淮陽王武延秀往突厥，納默啜女爲妃。遣右豹韜衞大將軍閻知微攝春官尚書，赴虜庭。

八月，突厥默啜以延秀非唐室諸王，乃囚於別所，率衆與閻知微入寇嬀、檀等州。命司屬卿高平王重規、右武威衞大將軍沙吒忠義、幽州都督張仁亶、右羽林衞大將軍李多祚等率兵二十萬逆擊，乃放延秀還。己丑，默啜攻陷定州，刺史孫彥高死之，焚燒百姓廬舍，遇害者數千人。魏王承嗣卒。庚子，梁王三思爲內史，狄仁傑爲納言。

九月，建昌王攸寧同鳳閣鸞臺平章事。默啜攻陷趙州，刺史高叡遇害。丙子，廬陵王哲爲皇太子，令依舊名顯，大赦天下，大酺五日。令納言狄仁傑爲河北道行軍元帥。辛巳，皇太子謁太廟。天官侍郎蘇味道鳳閣侍郎、同鳳閣鸞臺平章事。癸未，默啜盡殺所掠趙、定州男女萬餘人，從五迴道而去，所至殘害，不可勝紀。

冬十月，夏官侍郎姚元崇、麟臺少監李嶠並同鳳閣鸞臺平章事。是月，閻知微自突厥叛歸，族誅之。

二年春二月，封皇嗣旦爲相王。初爲寵臣張易之及其弟昌宗置控鶴府官員，尋改爲奉宸府，班在御史大夫下。左肅政御史中丞魏元忠爲鳳閣侍郎，吉頊爲天官侍郎，並同鳳閣鸞臺平章事。戊子，幸嵩山，過王子晉廟。丙申，幸緱山。丁酉，至自嵩山。

夏四月，吐蕃大論贊婆來奔。

秋七月，上以春秋高，慮皇太子、相王與梁王武三思、定王武攸寧等不協，令立誓文於明堂。

八月，王及善爲文昌左相，豆盧欽望爲文昌右相，仍並同鳳閣鸞臺三品。

冬十月乙亥，幸福昌縣。王及善薨。

三年正月戊寅，梁王三思爲特進，天官侍郎吉項配流嶺表。

臘月辛巳，封皇太子男重潤爲邵王。狄仁傑爲內史。戊寅，幸汝州之温湯。甲戌，至自温湯。造三陽宮于嵩山。

春三月，李嶠爲鸞臺侍郎，知政事如故。

夏四月戊申，幸三陽宮。

五月癸丑，上以所疾康復，大赦天下，改元爲久視，停金輪等尊號，大酺五日。

六月，魏元忠爲左肅政御史大夫，仍舊知政事。

是夏大旱。

秋七月，至自三陽宮。天官侍郎張錫爲鳳閣侍郎、同鳳閣鸞臺平章事；其甥鳳閣鸞臺平章事李嶠爲成均祭酒，罷知政事。壬寅，制曰：「隋尚書令楊素，昔在本朝，早荷殊遇。稟凶邪之德，有諂佞之才，惑亂君上，離間骨肉。搖動冢嫡，寧唯掘蠱之禍〔七〕；誘扇後主，卒成請蹯之釁。隋室喪亡，蓋惟多僻，究其萌兆，職此之由。生爲不忠之人，死爲不義之鬼，身雖幸免，子竟族誅。斯則姦逆之謀，是爲庭訓；險薄之行，遂成門風。刑戮雖加，枝胤仍在，何得肩隨近侍，齒列朝行？朕接統百王，恭臨四海，上嘉賢佐，下惡賊臣。常欲從容於萬機之餘，褒貶於千載之外，況年代未遠，耳目所存者乎！其楊素及兄弟子孫已下，並不得令任京官及侍衞。」

九月，內史狄仁傑卒。

冬十月甲寅，復舊正朔，改一月爲正月，仍以爲歲首，正月依舊爲十一月，大赦天下。

韋巨源爲地官尚書，文昌左丞韋安石爲鸞臺侍郎、同鳳閣鸞臺平章事。丁卯，幸新安，曲赦其縣。壬申，至自新安。

十二月，開屠禁，諸祠祭令依舊用牲牢。

大足元年春正月，制改元。

二月，鸞臺侍郎李懷遠同鳳閣鸞臺平章事。

三月，姚元崇爲鳳閣侍郎，依舊知政事。丙申，鳳閣侍郎張錫坐贓配循州。

夏五月，幸三陽宮。命左肅政御史大夫魏元忠爲總管以備突厥。天官侍郎顧琮同鳳閣鸞臺平章事。

六月，夏官侍郎李迥秀同鳳閣鸞臺平章事。辛未，曲赦告成縣。

秋七月甲戌，至自三陽宮。

九月，邵王重潤爲易之譖構，令自死。

冬十月，幸京師，大赦天下，改元爲長安。

二年春正月，突厥寇鹽、夏等州，殺掠人吏。

秋九月乙丑，日有蝕之，不盡如鈎，京師及四方見之。
冬十月，日本國遣使貢方物。
十一月，相王旦爲司徒。戊子，親祀南郊，大赦天下。

三年春三月壬戌，日有蝕之。
夏四月庚子，相王旦表讓司徒，許之。改文昌臺爲中臺。李嶠知納言事。
六月，寧州雨，山水暴漲，漂流二千餘家，溺死者千餘人。
秋七月，殺右金吾大將軍唐休璟〔八〕。
秋九月，正諫大夫朱敬則同鳳閣鸞臺平章事。戊申，相王旦爲雍州牧。是月，御史大夫兼知政事、太子右庶子魏元忠爲張昌宗所譖，左授端州高要尉。京師大雨雹，人畜有凍死者。
冬十月丙寅，駕還神都。乙酉，至自京師。

四年春正月，造興泰宮於壽安縣之萬安山。天官侍郎韋嗣立爲鳳閣侍郎、同鳳閣鸞臺平章事。朱敬則請致仕，許之。
三月，進封平恩郡王重福爲譙王，夏官侍郎宗楚客同鳳閣鸞臺平章事。

夏四月，韋安石知納言事，李嶠知內史事。丙子，幸興泰宮。六月，天官侍郎崔玄暐同鳳閣鸞臺平章事；李嶠爲國子祭酒，知政事如故。七月丙戌，楊再思爲內史。甲午，至自興泰宮。宗楚客左授原州都督。八月，姚元崇爲司僕卿，知政事；韋安石檢校揚州大都督府長史。冬十月，秋官侍郎張柬之同鳳閣鸞臺平章事。十一月，李嶠爲地官尚書，張柬之爲鳳閣鸞臺平章事。自九月至於是，日夜陰晦，大雨雪，都中人有飢凍死者，令官司開倉賑給。

神龍元年春正月，大赦，改元。上不豫，制自文明元年已後得罪人，除揚、豫、博三州及諸逆魁首，咸赦除之。癸亥，麟臺監張易之與弟司僕卿昌宗謀反，皇太子率左右羽林軍桓彥範、敬暉等，以羽林兵入禁中誅之。甲辰，皇太子監國，總統萬機，大赦天下。是日，上傳皇帝位于皇太子，徙居上陽宮。戊申，皇帝上尊號曰則天大聖皇帝。

冬十一月壬寅，則天將大漸，遺制祔廟、歸陵，令去帝號〔九〕，稱則天大聖皇后；其王、蕭二家及褚遂良、韓瑗等子孫親屬當時緣累者，咸令復業。是日，崩于上陽宮之仙居殿，年八十三，謚曰則天大聖皇后。二年五月庚申，祔葬于乾陵。睿宗即位，詔依上元年故事，號爲天后，未幾，追尊爲大聖天后，改號爲則天皇太后。太后嘗召文學之士周思茂、范履冰、衞敬業，令撰玄覽及古今內範各百卷，青宮紀要、少陽政範各三十卷，維城典訓、鳳樓新誡、孝子列女傳各二十卷，內範要略、樂書要錄各十卷，百僚新誡、兆人本業各五卷，臣軌兩卷，垂拱格四卷，并文集一百二十卷，藏于秘閣。

史臣曰：治亂時也，存亡勢也。使桀、紂在上，雖十堯不能治；使堯、舜在上，雖十桀不能亂；使懦夫女子乘時得勢，亦足坐制羣生之命，肆行不義之威。觀夫武氏稱制之年，英才接軫，靡不痛心於家索，扼腕於朝危，竟不能報先帝之恩，衞吾君之子。俄至無辜被陷，引頸就誅，天地爲籠，去將安所？悲夫！昔掩鼻之讒，古稱其毒；人彘之酷，世以爲寃。武后奪嫡之謀也，振喉絕襁褓之兒，菹醢碎椒塗之骨，其不道也甚矣，亦姦人妬婦之恆態也。然猶泛延讜議，時禮正人，初雖牝雞司晨，終能復子明辟，飛語辯元忠之罪，善言慰仁傑之心，尊時憲而抑幸臣，聽忠言而誅酷吏。有旨哉，有旨哉！

贊曰：龍漦易貌，丙殿昌儲。胡爲穹旻，生此夔魖？奪攘神器，穢褻皇居。窮妖白首，降鑒何如。

校勘記

〔一〕十二月己酉　「己酉」二字各本原無，據新書卷四武后紀、通鑑卷二〇四補。

〔二〕載初元年正月　「正月」二字各本原無，據通鑑卷二〇四補。

〔三〕二年春一月　載初元年改十一月爲正月，十二月爲臘月，舊正月爲一月。此處「春一月」在臘月之前，當爲「正月」之誤，通鑑卷二〇五、合鈔卷六則天紀作「正月」，是。下文長壽三年及證聖元年兩處「春一月」，亦是「正月」之誤。

〔四〕歸誠州　「歸」字各本原作「嬀」，據新書卷四則天紀、通鑑卷二〇五改。

〔五〕鸞臺侍郎　「鸞臺」，各本原作「鳳閣」，據本書卷八九王方慶傳、合鈔卷六則天紀改。

〔六〕十一月　按當時以十一月爲正月，無十一月之稱，通鑑卷二〇五攻瀛州事繫于十月。

〔七〕寧唯掘蠱之禍　「掘」字各本原作「握」，據本書卷七七楊纂傳、唐大詔令集卷一一四改。

〔八〕殺右金吾大將軍唐休璟　據本書卷九三唐休璟傳，休璟卒于睿宗延和元年，未有被殺事，此處當有脫誤。

〔九〕令去帝號　「號」字各本原無，據御覽卷一一〇、通鑑卷二〇八補。

舊唐書卷七

本紀第七

中宗　睿宗

中宗大和聖昭孝皇帝諱顯，高宗第七子，母曰則天順聖皇后，顯慶元年十一月乙丑，生於長安。明年封周王，授洛州牧。儀鳳二年，徙封英王，改名哲，授雍州牧。永隆元年，章懷太子廢，其年立爲皇太子。弘道元年十二月，高宗崩，遺詔皇太子柩前卽帝位。皇太后臨朝稱制，改元嗣聖。元年二月，皇太后廢帝爲廬陵王，幽於別所。其年五月，遷於均州，尋徙居房陵。聖曆元年，召還東都，立爲皇太子，依舊名顯。時張易之與弟昌宗潛圖逆亂。神龍元年正月，鳳閣侍郎張柬之、鸞臺侍郎崔玄暐、左羽林將軍敬暉、右羽林將軍桓彥範、司刑少卿袁恕己等定策率羽林兵誅易之、昌宗，迎皇太子監國，總司庶政。大赦天下。鳳閣侍郎韋承慶、正諫大夫房融、司禮卿崔神慶等下獄〔一〕。甲辰，命地官侍郎樊忱往京師告廟陵。

司刑少卿兼相王府司馬袁恕己爲鳳閣鸞臺平章事〔三〕。

乙巳，則天傳位於皇太子。丙午，即皇帝位於通天宮，大赦天下，唯易之黨與不在原限。爲周興、來俊臣所枉陷者，咸令雪免。內外文武官加兩階，三品已上加爵一等，入五品等特減四考。大酺五日。以并州牧相王旦及太平公主有誅易之兄弟功，相王加號安國相王，進拜太尉、同鳳閣鸞臺三品；公主加號鎭國太平公主，仍賜實封，通前滿五千戶。皇親先被配沒者，子孫令復屬籍，仍量敍官爵。出宮女三千。

丁未，天后徙居上陽宮。庚戌，鳳閣侍郎同鳳閣鸞臺平章事張柬之爲夏官尚書、同鳳閣鸞臺三品，封漢陽郡公；鸞臺侍郎兼檢校太子右庶子、同鳳閣鸞臺平章事崔玄暐爲守內史，封博陵郡公；袁恕己同鳳閣鸞臺三品，封南陽郡公；敬暉爲納言、平陽郡公；桓彥範爲納言、譙郡公：並加銀青光祿大夫，賜實封五百戶。右羽林大將軍、遼國公李多祚進封遼陽郡王，賜實封六百戶；內直郎、駙馬都尉王同皎爲雲麾將軍、右千牛將軍、琅邪郡公，食實封五百戶。並賞誅張易之兄弟功。其餘封各有差。上天后尊號爲則天大聖皇帝。

二月甲寅，復國號，依舊爲唐。社稷、宗廟、陵寢、郊祀、行軍旗幟、服色、天地、日月、寺宇、臺閣、官名，並依永淳已前故事。神都依舊爲東都，北都爲并州大都督府，老君依舊爲玄元皇帝。諸州百姓免今年租稅，房州百姓給復三年。改左右肅政臺爲左右御史臺。韋承慶貶高要尉，房融配流欽州〔三〕。中書令楊再思爲戶部尙書、同中書門下三品、京留守；太僕卿、同中書門下三品姚元之出爲亳州刺史。己未，封堂兄左金吾將軍、鬱林郡公千里爲成紀郡王，左金吾衞大將軍，實封五百戶。令貢擧人停習臣軌，依舊習老子。甲子，立妃韋氏爲皇后，大赦天下，內外官陪位者賜勳一轉，大酺三日。后父故豫州刺史玄貞爲上洛郡王，后母崔氏贈上洛郡王妃。初，韓王元嘉、霍王元軌等自垂拱以來皆遭非命，是日追復官爵，令備禮改葬，有胤嗣者卽令承襲，無胤嗣者聽取親爲後。詔九品已上及朝集使極言朝政得失，兼擧賢良方正直言極諫之士。

丙寅，左散騎常侍、譙王重福貶濮州員外刺史，不知州事。特進、太子賓客、梁王武三思爲司空、同中書門下三品，加實封五百戶，通前一千五百戶。丁卯，右散騎常侍、定安郡王、駙馬都尉武攸曁封定王，爲司徒，更加實封四百戶，通前一千戶。辛未，上往觀風殿朝天后。太尉、安國相王旦固讓太尉及知政事，遂從其請。甲戌，國子祭酒祝欽明同中書門下三品。黃門侍郎、知侍中事韋安石爲刑部尙書，罷知政事。丙子，諸州置寺、觀一所，以「中興」爲名。丁丑，武三思固讓司空、同中書門下三品，武攸曁固讓司徒、封王，許之。改封義興郡王重俊爲衞王，北海郡王重茂爲溫王。

三月辛巳，追復故司空、英國公李勣官爵，令所司爲起墳改葬。甲申，制文明已來破家臣僚所有子孫，並還資廕。其揚州構逆徒黨，唯徐敬業一房不在免限，餘並原宥。丁亥，廢左右司員外郎。其酷吏劉光業、王德壽、王處貞、屈貞筠、劉景陽等五人，雖已身死，官爵並宜追奪；景陽見在，貶祿州樂單尉。丘神勣、來子珣、萬國俊、周興、來俊臣、魚承曄、王景昭、索元禮、傅遊藝、王弘義、張知默、裴籍、焦仁亶、侯思立、郭霸、李敬仁、皇甫文備、陳嘉言等雖已身死，並宜除名。唐奉一配流，李秦授、曹仁哲並改與嶺南遠惡處。

己丑，中書侍郎兼檢校相王府長史、南陽郡公袁恕己爲中書令，兼檢校安國相王府長史。詔曰：「君臣朝序，貴賤之禮斯殊；兄弟大倫，先後之儀亦異。聖人之制，率由斯道。朕臨茲寶極，位在崇高。負扆當陽，雖受宗枝之敬；退朝私謁，仍用家人之禮。近代以來，罕遵軌度，王及公主〔四〕，曲致私情，姑叔之尊，拜於子姪，違法背禮，情用惻然。自今已後，宜從革弊。安國相王某及鎭國太平公主更不得輒拜衞王重俊兄弟及長寧公主姊妹等。宜告宗屬，知朕意焉。」先是，諸王及公主皆以親爲貴，天子之子，諸姑叔見之必先致拜，若致書則稱爲啓事。上志欲敦睦親族，故下制革之。

庚寅，衞王重俊上洛州牧。王乘駟馬車，鹵簿從；諸王公已下、中書門下五品已上及諸親並祖送，禮儀甚盛。事畢，賜物有差。辛卯，以故司僕少卿徐有功執法平恕，追贈越州都督，幷授一子官。戊戌，左右千牛衞各置大將軍一員。罷奉宸府官員。以安北大都護、安國相王旦爲左右千牛大將軍，每大朝會內供奉。丙午，改秋社依舊用仲秋。戊申，相王旦於太常廳上。王公諸親祖送，衞尉張設，光祿造食。禮畢，賜物如衞王上洛州牧之儀。

夏四月乙丑，端州尉魏元忠爲衞尉卿、同中書門下三品。甲戌，左庶子韋安石爲吏部尚書，太子賓客李懷遠爲右散騎常侍，右庶子唐休璟爲輔國大將軍，右庶子崔玄暐爲特進、檢校益州大都督府長史、判都督事，右庶子、西留守、戶部尚書、弘農郡公楊再思爲檢校揚州大都督府長史、判都督事，少詹事兼侍讀、國子祭酒祝欽明爲刑部尚書：並依前知政事，以上在春宮故僚也。乙亥，張柬之爲中書令。戊寅，追贈邵王重潤爲懿德太子。同官縣大雨雹，燕雀多死，漂溺居人四百家，遣使賑給。

五月壬午，遷武氏七廟神主于西京崇尊廟。東都創置太廟社稷。戊子，制依舊以周、隋爲二王後。壬辰，封成紀郡王千里爲成王。癸巳，侍中敬暉封爲平陽郡王；侍中桓彥範扶陽郡王，賜姓韋氏；中書令張柬之漢陽郡王；中書令袁恕己南陽郡王；特進崔玄暐海陵郡王：並加授特進，罷知政事。吏部尚書韋安石爲兼中書令，兵部尚書魏元忠爲兼侍中。丙申，皇后表請天下士庶爲出母爲三年服，年二十二成丁，五十九免役。癸卯，降梁王武三思爲德靜郡王，定王武攸暨爲樂壽郡王，河內王武懿宗等十餘人並降爲國公。甲辰，特進、芮國公豆盧欽望爲尚書左僕射，輔國大將軍、酒泉郡公唐休璟爲尚書右僕射：依舊同中書門下三品。丙午，制以鄒魯之邑百戶爲太師、隆道公宣尼采邑，用供薦享。又授裔孫褒聖侯崇基朝散大夫，仍許子孫傳襲。

六月丁巳，河北十七州大水，漂沒人居。癸亥，尚書左僕射豆盧欽望，軍國重事中書門下可共平章；檢校中書令韋安石中書令，兼檢校吏部尚書；檢校侍中魏元忠兼檢校兵部尚書；楊再思兼戶部尚書，兼檢校中書令。丁卯，祔孝敬皇帝神主於太廟，廟號義宗，非禮也。戊辰，洛水暴漲，壞廬舍二千餘家，溺死者甚衆。

秋七月辛巳，太子賓客韋巨源同中書門下三品。乙未，以特進、漢陽郡王張柬之爲襄州刺史，仍不知州事。

八月戊申，以水災，令文武官九品以上直言極諫。河南洛陽百姓被水兼損者給復一年。甲子，追册故妃趙氏爲恭皇后，尊孝敬妃裴氏爲哀皇后〔五〕。乙亥，上親祔太祖景皇帝、獻祖光皇帝、世祖元皇帝、高祖神堯皇帝、皇祖太宗文武皇帝、皇考高宗天皇大帝、皇兄義宗孝敬皇帝神主于太廟。皇后廟見。丁丑，御洛城南門觀鬭象。

九月壬午，親祀明堂，大赦天下。禁化胡經及婚娶之家父母親亡停喪成禮。天下大酺三日。戊戌，太子賓客韋巨源爲禮部尚書，依舊知政事。

冬十月癸亥，幸龍門香山寺。乙丑，幸新安。改弘文館爲修文館。辛未，魏元忠爲中書令，楊再思爲侍中。

十一月戊寅，加皇帝尊號曰應天，皇后尊號曰順天。壬午，皇帝、皇后親謁太廟，告受徽號之意，大赦天下，賜酺三日。己丑，御洛城南門樓觀潑寒胡戲。辛丑，衞王重俊爲左衞大將軍，遙領揚州大都督；温王重茂爲右衞大將軍，遙領并州大都督。

十二月壬寅，則天皇太后崩。

二年春正月丙申，護則天靈駕還京。戊戌，吏部尚書李嶠同中書門下三品，中書侍郎于惟謙同中書門下平章事。

閏月丙午朔，置公主府官員。乙卯，以特進敬暉、桓彥範、袁恕己等三人爲滑、洺、豫刺史。

二月乙未，刑部尚書韋巨源同中書門下三品。遣十使巡察風俗。丙申，僧會範、道士史崇玄等十餘人授官封公，以賞造聖善寺功也。

三月甲辰，中書令韋安石爲戶部尚書，罷知政事。戶部尚書蘇瓌爲侍中、京留守。乙巳，黃霧四塞。唐休璟請致仕，許之。庚戌，殺光祿卿、駙馬都尉王同皎。壬子，洛陽城東七里許，地色如水，側近樹木、往來車馬歷歷影見水中，經月餘乃滅。是月，大置員外官，自京諸司及諸州佐凡二千餘人，超授閹官七品已上及員外者千餘人。壬戌，贈后父韋玄貞太師、益州都督。

夏四月甲戌，又贈玄貞爲酆王，玄貞弟四人並贈郡王。己卯，左散騎常侍、同中書門下三品李懷遠請致仕，許之。辛巳，洛水暴漲，壞天津橋。

六月戊寅，特進、朗州刺史、平陽郡王敬暉貶崖州司馬，特進、亳州刺史、扶陽郡王桓彥範瀧州司馬，特進、郢州刺史袁恕己竇州司馬，特進、均州刺史、博陵郡王崔玄暐白州司馬，特進、襄州刺史、漢陽郡王張柬之新州司馬，並員外置，長任，舊官封爵並追奪。

秋七月丙午，立衞王重俊爲皇太子。丙寅，中書令兼檢校兵部尚書齊國公魏元忠爲尚書右僕射兼中書令，仍知兵部事；吏部尚書李嶠爲中書令；刑部尚書韋巨源爲吏部尚書，依舊同中書門下三品。庚午，禮部尚書祝欽明爲中丞蕭至忠所劾。前左散騎常侍李懷遠爲左散騎常侍、同中書門下三品、東都留守。

九月，祝欽明貶青州刺史。壬寅，幸白馬寺。戊午，左散騎常侍李懷遠卒。壬寅，置戶部侍郎一員。

冬十月己卯，車駕還京師。戊戌，至自東都。

十一月乙巳，大赦天下，行從文武官賜勳一轉。改河南爲合宮，洛陽爲永昌，嵩陽爲登封〔六〕，陽城爲告成。戊午，兼祕書鄭普思坐妖逆配流儋州，其黨與皆伏誅。

十二月己卯，突厥默啜寇靈州鳴沙縣，靈武軍大總管沙吒忠義逆擊之，官軍敗績，死者三萬。丁巳，突厥進寇原、會等州，掠隴右牧馬萬餘而去。甲申，募能斬默啜者，封授諸大衞大將軍〔七〕。丙戌，以突厥犯邊，京師亢旱，令減膳徹樂。河北水，大飢，命侍中蘇瓌存撫賑給。丙申，特進、尚書左僕射、兼安國相王府長史、芮國公豆盧欽望爲開府儀同三司，依舊平章軍國重事；尚書右僕射兼中書令、知兵部事、齊國公魏元忠爲尚書左僕射兼中書令，仍兼知兵部事。

是冬，牛大疫。

三年春正月庚子朔，不受朝會，喪未再期也。庚戌，以默啜寇邊，制募猛士武藝超絕者，各令自舉，內外羣官各進破滅突厥之策。丙辰，以旱，親錄囚徒。己巳，遣武攸暨、武三思往乾陵祈雨于則天皇后，既而雨降，上大感悅。

二月辛未，制武氏崇恩廟依舊享祭，仍置五品令、七品丞，其昊陵、順陵置令、丞如廟。壬午，贈太師、鄅王廟號褒德，陵號榮先，置六品令、八品丞。庚寅，改中興寺、觀爲龍興，內外不得言「中興」。辛卯，幸安樂公主宅。

三月丙子，吐蕃贊普遣大臣悉董熱獻方物。

是春，自京師至山東疾疫，民死者衆。河北、河南大旱。

夏四月辛巳，以嗣雍王守禮女爲金城公主，出降吐蕃贊普。庚寅，幸薦福寺，曲赦雍州。

五月戊戌，左屯衞大將軍兼檢校洛州長史張仁亶爲朔方道大總管〔八〕，以備突厥。丙午，突厥默啜殺我行人臧思言。

六月丁卯朔，日有蝕之。戊子，姚嶲道討擊使、侍御史唐九徵擊姚州叛蠻，破之，俘虜三千計，遂於其處勒石紀功焉。

是夏，山東、河北二十餘州旱，饑饉疾疫死者數千計，遣使賑卹之。

秋七月庚子，皇太子重俊與羽林將軍李多祚等，率羽林千騎兵三百餘人，誅武三思、武崇訓，遂引兵自肅章門斬關而入。帝惶遽登玄武樓，重俊引兵至下，上自臨軒諭之，衆遂散去，殺李多祚。重俊出奔至鄠縣，爲部下所殺。癸卯，大赦天下。

八月丙子，改玄武門爲神武門，樓爲制勝樓。丙戌，左僕射兼中書令魏元忠請致仕，授特進。

九月丁酉，兵部尚書、郢國公宗楚客，左衞將軍兼太府卿紀處訥並同中書門下三品；吏部侍郎兼左御史臺中丞蕭至忠爲黃門侍郎兼左御史中丞、同中書門下三品；中書侍郎、東海郡公于惟謙國子祭酒，罷知政事。庚子，上皇帝尊號曰應天神龍，皇后尊號曰順天翊聖，大赦天下，改元爲景龍。兩京文武官，三品已上賜爵一級，四品已下加一階，外官賜勳一轉。

景龍元年九月甲辰，特進魏元忠左授務川尉，言與重俊通謀也。庚辰，侍中兼左御史臺大夫楊再思爲中書令，吏部尚書韋巨源、太府卿紀處訥並爲侍中，侍中蘇瓌爲吏部尚書。壬戌，改左右羽林衞千騎爲萬騎，仍分爲左右。

冬十月壬午，彗見于西，月餘而滅。壬午，皇后上神武頌，令兩京及四大都督府皆刻之於石。

十二月乙丑朔，日有蝕之。丁丑，京師雨土。

二年春正月丙申，滄州雨雹，大如雞卵。

二月辛未，幸左金吾大將軍、陳國公陸頌宅。皇后自言衣箱中裙上有五色雲起，令畫工圖之，以示百僚，乃大赦天下。癸未夜，天保星墜西南，有聲如雷，野雉皆雊。乙酉，帝以后服有慶雲之瑞，大赦天下。內外五品已上母妻各加邑號一等，無妻者聽授女；天下婦人八十已上，版授鄉、縣、郡等君。

三月丙子，朔方道大總管張仁亶築受降城於河上。

夏四月庚午，左散騎常侍、樂壽郡王、駙馬都尉武攸暨讓郡王，改封楚國公。癸未，修文館增置大學士八員，直學士十二員。己丑，幸長樂公主莊，卽日還宮。

六月丁亥，改太史局爲太史監，罷隸祕書省。

秋七月辛卯，台州地震。癸巳，左屯衞大將軍、攝右御史臺大夫、朔方道行營大總管、韓國公張仁亶同中書門下三品。有赤氣竟天，其光燭地，經三日乃止。

九月甲戌，黃霧昏濁。

冬十一月庚申，突厥首領娑葛叛，自立爲可汗，遣弟遮弩率衆犯塞。己卯，以安樂公主出降，假皇后仗出於禁中以盛其儀，帝及后御安福樓以觀之。禮畢，大赦天下，賜酺三日。癸未，安西都護牛師奬與娑葛戰于火燒城，師奬敗績，沒于陣。

是冬，西京吏部置兩侍郎銓試，東都又置兩銓，恣行囑請。又有斜封授官，預用秋闕。

三年春正月丁卯，黄霧四塞。癸酉，幸薦福寺。乙亥，宴侍臣及近親於梨園亭。

二月己丑，幸玄武門，與近臣觀宮女大酺，既而左右分曹，共爭勝負。上又遣宮女爲市肆，鬻賣衆物，令宰臣及公卿爲商賈，與之交易，因爲忿爭，言辭猥褻。上與后觀之，以爲笑樂。壬寅，侍中、舒國公韋巨源爲尚書左僕射，並同中書門下三品〔九〕。戊午，兵部尚書、郢國公宗楚客中書令，中書侍郎、酇國公蕭至忠爲侍中，太府卿韋嗣立爲兵部尚書、同中書門下三品，中書侍郎、檢校吏部侍郎崔湜同中書門下平章事，兵部侍郎趙彥昭爲中書侍郎、同中書門下平章事。庚申，日赤紫色，無光。戊寅，禮部尚書兼揚州大都督、曹國公韋温爲太子少保兼揚州大都督、同中書門下三品。太常少卿兼檢校吏部侍郎鄭愔同中書門下平章事。

夏五月丙戌，崔湜、鄭愔坐贓，湜貶襄州刺史，愔貶江州司馬。

六月癸丑，太白晝見于東井。庚子，以經籍多缺，使天下搜括。壬寅，以旱，避正殿，減膳，親錄囚徒。癸卯，尚書右僕射楊再思薨。

秋七月乙卯朔，鎮軍大將軍、右驍衞將軍、兼知太史事迦業至忠配流柳州。丙辰，娑葛遣使來降。辛酉，幸梨園亭，宴侍臣學士。皇后表請諸婦人不因夫子而加邑號者，許同見任職事官，聽子孫用廕，從之。壬戌，安福門外設無遮齋，三品已上行香。癸亥，御承慶殿，錄囚徒。壬午，遣使册驍衞大將軍、兼衞尉卿、金河王突騎施守忠爲歸化可汗。

八月乙酉，特進、行中書令、趙國公李嶠爲特進、同中書門下三品，侍中、酇國公蕭至忠爲中書令，特進、鄖國公韋安石爲侍中。庚寅，諸州各置司田參軍一員。吐蕃贊普遣使勃祿星奉進國信、贊普祖娑進物，及上中宮、安國相王、太平公主有差。壬辰，遣十使巡察天下。有星孛于紫宮。令特進佩魚。散職佩魚，自此始也。乙未，親送朔方軍總管、韓國公張仁亶於通化門外，上製序賦詩。乙巳，幸安樂公主山亭，宴侍臣、學士，賜繒帛有差。

九月壬戌，幸九曲亭子，宴侍臣、學士。戊辰，吏部尚書、懷縣公蘇瓌爲尚書右僕射、同中書門下三品。

冬十月庚寅，幸安樂公主金城新宅，宴侍臣、學士。

十一月乙丑，親祀南郊，皇后登壇亞獻，左僕射舒國公韋巨源爲終獻。大赦天下，見繫囚徒及十惡咸赦除之，雜犯流人並放還。京文武三品已上賜爵一等，四品已下加一階，京官及應襲岳牧入三品五品減考，高年版授。大酺三日。壬申，幸見子陵。甲戌，開府儀同三司、芮國公豆盧欽望薨。吐蕃贊普遣其大臣尚贊吐來逆女。

十二月壬戌，前尚書右僕射、宋國公唐休璟爲太子少師、同中書門下三品。甲子，上幸新豐之温湯。庚子，幸兵部尚書韋嗣立莊，封嗣立爲逍遙公，上親製序賦詩，便游白鹿觀。

甲辰，曲赦新豐縣，百姓給復一年，行從官賜勳一轉。是日幸驪山〔一〇〕。乙巳，至自温湯。乙酉，令諸司長官向醴泉坊看潑胡王乞寒戲。

四年春正月乙卯，於化度寺門設無遮大齋。丙寅上元夜，帝與皇后微行觀燈，因幸中書令蕭至忠之第。是夜，放宮女數千人看燈，因此多有亡逸者。丁卯夜，又微行看燈。丁丑，命左驍衞大將軍、河源軍使楊矩爲送金城公主入吐蕃使。己卯，幸始平，送金城公主歸吐蕃。

二月壬午，曲赦咸陽、始平，改始平爲金城縣〔一一〕。便幸長安令王光輔馬嵬北原莊。癸未，至自金城。庚戌，令中書門下供奉官五品已上、文武三品已上并諸學士等，自芳林門入集於梨園毬場，分朋拔河，帝與皇后、公主親往觀之。

三月甲寅，幸臨渭亭修禊飲，賜羣官柳棬以辟惡。丙辰，游宴桃花園。庚申，京師雨木冰，井溢。壬戌，賜宰臣已下內樣巾子〔一二〕。

夏四月丁亥，上游櫻桃園，引中書門下五品已上諸司長官學士等入芳林園嘗櫻桃，便令馬上口摘，置酒爲樂。乙未，幸隆慶池，結綵爲樓，宴侍臣，泛舟戲樂，因幸禮部尚書竇希宅。

五月辛酉，祕書監、嗣虢王邕改封汴王。乙丑，皇后請加嗣王三品。丁卯，前許州司兵參軍燕欽融上書，言皇后干預國政，安樂公主、武延秀、宗楚客等同危宗社。帝怒，召欽融廷見，撲殺之。時安樂公主志欲皇后臨朝稱制，而求立爲皇太女，自是與后合謀進鴆。

六月壬午，帝遇毒，崩于神龍殿，年五十五〔三〕。祕不發喪，皇后親總庶政。癸未，以刑部尚書裴談、工部尚書張錫並同中書門下三品，依舊東都留守。吏部尚書張嘉福、中書侍郎岑羲、吏部侍郎崔湜並同中書門下平章事。又命左右金吾衛大將軍趙承恩、右監門大將軍薛簡帥兵五百人往均州，備譙王重福。立溫王重茂爲皇太子。甲申，發喪于太極殿，宣遺制。皇太后臨朝，大赦天下，改元爲唐隆。見繫囚徒常赦所不免者咸赦除之，長流任放歸田里，負犯痕瘕咸從洗滌。內外官三品已上賜爵一級，四品已下加一階。以安國相王旦爲太子太師。進封雍王守禮爲邠王，壽春郡王成器爲宋王，宗正卿晉封新興王。丁亥，皇太子即帝位於柩前，時年十六。皇太后韋氏臨朝稱制，大赦天下，常赦所不原者咸赦除之。內外兵馬諸親掌，仍令韋溫總知。時召諸府折衝兵五萬人分屯京城，列爲左右營，諸韋子姪分統之。壬辰，遣使諸道巡撫，紀處訥關內道，張嘉福河北道，岑羲河南道。庚子夜，臨淄王諱舉兵誅諸韋、武，皆梟首於安福門外，韋太后爲亂兵所殺。

九月丁卯，百官上謚曰孝和皇帝，廟號中宗。十一月己酉，葬于定陵。天寶十三載二月，改謚曰大和大聖大昭孝皇帝。

史臣曰：廉士可以律貪夫，賢臣不能輔孱主。誠以志昏近習，心無遠圖，不知創業之難，唯取當年之樂。孝和皇帝越自負扆，遷于房陵，崎嶇瘴癘之鄉，契闊幽囚之地。所以張漢陽徘徊于克復，狄梁公哽咽以奏論，遂得生還，庸非己力。洎滌除金虎，再握璿衡，不能罪己以謝萬方，而更漫游以隳八政。縱艷妻之煽黨，則梁、楀爭衡；信妖女以撓權，則彝倫失序。桓、敬由之覆族，節愍所以興戈，竟以元首之尊，不免齊眉之禍。比漢、晉之惠、盈輩爲優，苟非繼以命世之才，則土德去也。

睿宗玄眞大聖大興孝皇帝諱旦，高宗第八子，中宗母弟，龍朔二年六月己未，生於長安。其年封殷王，遙領冀州大都督、單于大都護、右金吾衞大將軍。及長，謙恭孝友，好學，工草隸，尤愛文字訓詁之書。乾封元年，徙封豫王。總章二年，徙封冀王。上初名旭輪，至是去「旭」字。上元二年，徙封相王，拜右衞大將軍。儀鳳三年，遷洛牧；改名旦，徙封豫王。嗣聖元年，則天臨朝，廢中宗爲廬陵王，立豫王爲皇帝，仍臨朝稱制。及革命，改國號爲周，降帝爲皇嗣，令依舊名輪，徙居東宮，其具儀一比皇太子。聖曆元年，中宗自房陵還。帝數稱疾不朝，請讓位於中宗。則天遂立中宗爲皇太子，封帝爲相王，又改名旦，授太子右衞率。長安中，拜司徒、右羽林衞大將軍。自則天初臨朝及革命之際，王室屢有變故，帝每恭儉退讓，竟免于禍。神龍元年，以誅張易之昆弟功，進號安國相王，遷太尉，加實封。其年立爲皇太弟，固辭不受。

景龍四年夏六月，中宗崩，韋庶人臨朝，引用其黨，分握政柄，忌帝望實素高，潛謀危害。庚子夜，臨淄王諱與太平公主子薛崇簡、前朝邑尉劉幽求、長上果毅麻嗣宗、苑總監鍾紹京等率兵入北軍，誅韋溫、紀處訥、宗楚客、武延秀、馬秦客、葉靜能、趙履溫、楊均等，諸韋、武黨與皆誅之。辛丑，帝挾少帝御安福門樓慰諭百姓，大赦天下，見繫囚徒常赦所不免者咸赦除之。內外文武官三品已上賜爵一級，四品已下加一階，親皇三等已上加兩階〔四〕，四等已下及諸親賜勳三轉，天下百姓免今年田租之半。進封臨淄王爲平王，以薛崇簡爲立節郡王。鍾紹京爲中書侍郎，劉幽求爲中書舍人，並參知機務，加實封。其餘封賞有差。遣使分行諸道宣諭，仍令往均州慰勞譙王。壬寅，左千牛中郎將、宋王成器爲左衞大將軍，司農少卿同正員、衡陽王成義爲右衞大將軍，太府少卿同正員、巴陵王隆範爲左羽林衞大將軍〔一五〕，太僕少卿同正員、彭城王隆業爲右羽林衞大將軍。黃門侍郎李日知同中書門下三品。癸卯，殿中兼知內外閑廐、檢校龍武右軍、仍押左右廂萬騎平王諱同中書門下三品。中書侍郎、潁川郡公鍾紹京爲中書令。中書令、酇國公蕭至忠爲許州刺史，兵部尚書、逍遙公韋嗣立爲宋州刺史，中書侍郎趙彥昭爲絳州刺史，蕭、韋、趙特置位。誅吏部尚書張嘉福於懷州。其日，王公百僚上表，咸以國家多難，宜立長君，以帝衆望所歸，請即尊位。

甲辰，少帝詔曰：「自古帝王，必有符命，兄弟相及，存諸典禮。朕以孤藐，遭家艱難，顧茲蒙識，未洽治途。茫茫四海，將何所屬，累聖丕基，若墜于地。王室多難，義擇長君，思與羣公，推崇明聖。叔父相王，高宗之子，昔以天下，讓于先帝，孝友寬簡，彰信兆人。神龍之初，已有明旨，將立太弟，以爲副君。爲王懇辭，未行册命，所以東宮虛位，至于歷年。徹綴在辰，禍變倉卒，後掖稱制，計立沖人〔一六〕。欽奉前懷，願遵理命。上申天聖之旨，下遂蒼生之心；俯稽圖緯之文，仰跂祖宗之烈。擇今日，請叔父相王即皇帝位。朕退守本藩，歸于舊邸。凡百卿士，敬承朕言，克贊我天人之休期，光我有唐之勳業。布告遐邇，咸使聞知。」相王上表，讓曰：「臣以宗社事重，家國情深，誅鋤巨逆，奉戴嗣主。今承制旨，猥推宸極。在臣虛薄，不敢祗膺。循環震驚，無任感哽！」制答曰：「皇極大寶，天下至公，王者臨之，蓋非獲已。王先聖舊意，蒼生推仰，龍光紫宸，貴允係望。請遵前旨，勿或推讓。」于是少帝遜于別宮。是日卽皇帝位，御承天門樓，大赦天下，常赦所不免並原之。內外官四品已上加一階，相王府官吏加兩階。流人長流、長任未還者並放還。立功人王承曄已下千餘人，賜爵秩有差。封少帝爲温王。其日，景雲見。

乙巳，中書令鍾紹京爲戶部尙書、越國公，實封五百戶；中書舍人劉幽求爲尙書左丞、徐國公，實封五百戶：並依前知政事。左衞大將軍、宋王成器爲太子太師、雍州牧、揚州大都督，加實封二百戶。宮人比來取百姓子女入宮者，放還其家。丙午，新除太常少卿薛稷爲黃門侍郎，參知機務。丁未，許州刺史、梁縣侯姚元之爲兵部尙書、同中書門下三品，兵部尙書韋嗣立爲中書令。追削武三思、武崇訓官爵。戊申，蕭至忠、韋嗣立、趙彥昭、崔湜並停刺史。衡陽王成義封申王，巴陵王隆範封岐王，彭城王隆業封薛王。己酉，鎭國太平公主加實封五百戶，通前一萬戶。

秋七月癸丑，兵部侍郎兼知雍州長史崔日用爲黃門侍郎，參知機務。丙辰，則天大聖皇后依舊號爲天后。追謚雍王賢爲章懷太子，庶人重俊曰節愍太子。復敬暉、桓彥範、崔玄暐、張柬之、袁恕己、成王千里、李多祚等官爵。丁巳，河南、洛陽、華州並依舊名。以洛州長史宋璟爲檢校吏部尙書、同中書門下三品，中書侍郎岑羲爲右散騎常侍。壬戌，以蕭至忠爲晉州刺史，韋嗣立爲許州刺史，趙彥昭爲宋州刺史，兵部尙書姚元之兼太子右庶子，吏部尚書宋璟兼太子左庶子。癸亥，吏部侍郎崔湜爲尚書右丞，罷知政事。甲子，右僕射許國公蘇瓌、兵部尚書姚元之、吏部尚書宋璟、右常侍判刑部尚書岑羲並充使册定陵。丙寅，姚元之兼中書令。丁卯，蘇瓌爲尚書左僕射，仍舊同中書門下三品。宋國公唐休璟致仕。右武衞大將軍、攝右御史大夫、同中書門下三品、韓國公張仁亶右衞大將軍。戊辰，崔日用爲雍州長史，薛稷爲右散騎常侍，並停知機務。特進、同中書門下三品、趙國公李嶠爲懷州刺史。廢司田參軍。

己巳，册平王爲皇太子。大赦天下，改元爲景雲。內外官九品已上及子爲父後者各加勳一轉，自神龍以來直諫枉遭非命者咸令式墓，天下州縣名目天授以來改爲「武」字者並令復舊。廢武氏崇恩廟，其昊陵、順陵並去陵名。

景雲元年七月己巳，制自今授左右僕射、侍中、中書令、六尙書已上官聽讓，其餘停讓。追廢皇后韋氏爲庶人，安樂公主爲悖逆庶人。丁丑，改太史監爲太史局，隸祕書省。

八月癸巳，新除集州刺史、譙王重福潛入東都構逆，州縣討平之。先是，中宗時官爵渝濫，因依妃、主墨敕而授官者，謂之斜封，至是並令罷免。癸卯，改門下坊爲左春坊，典書坊爲右春坊，左右羽林衞依舊爲左右羽林軍。

九月庚戌，封皇太子男嗣直爲許昌郡王〔一七〕，嗣謙爲眞定郡王。

冬十月甲申，詔孝敬皇帝神主先祔太廟，有違古義，於東都別立義宗廟。丁未，姚元之爲中書令，兼檢校兵部尚書。

十一月己酉，葬孝和皇帝于定陵。辛亥，太子太師、宋王成器爲尚書左僕射。蘇瓌爲太子少傅，侍中、�國公韋安石爲太子少保，改封郇國公，並罷知政事。戊辰，宋王成器爲司徒，兼領揚州大都督。庚午，太子少傅蘇瓌薨。

是歲，韋庶人、悖逆庶人並以禮改葬，武三思父子剖棺戮屍。

二年春正月丁未朔，以山陵日近，不受朝賀。癸丑，改泉州爲閩州，置都督府，改武榮州爲泉州〔一八〕。突厥默啜遣使請和親，許之。己未，太僕卿郭元振、中書侍郎張說並同中書門下平章事。甲子，改封溫王重茂爲襄王，遷于集州。乙丑，追尊皇后劉氏爲肅明皇后，墓曰惠陵；德妃竇氏爲昭成皇后，墓曰靖陵。

二月丁丑，令皇太子監國。甲辰，姚元之左授申州刺史，宋璟左授楚州刺史。韋安石爲侍中。丙戌，劉幽求爲戶部尚書，罷知政事。戊子，詔中宗時斜封官並許依舊。庚申，復置太子左右諭德、太子左右贊善，各置兩員。戊戌，郭元振爲兵部尚書，仍依舊同中書門下平章事。己未，改修文館爲昭文館。黃門侍郎李日知爲左臺御史大夫，依舊同中書門下三品。

夏四月庚辰，張說爲兵部侍郎，依舊同中書門下平章事。癸未，分瀛州置鄚州。詔以釋典玄宗，理均迹異，拯人化俗，教別功齊。自今每緣法事集會，僧尼、道士、女冠等宜齊行道集。甲申，韋安石爲中書令；宋王成器爲太子賓客，仍依舊遙領揚州大都督。丙申，李日知爲侍中。壬寅，大赦天下，重福徒黨放雪。京官四品已下加一階，外官賜勳一轉，三品已上各賜爵一級。天下濫度僧尼、道士、女冠並依舊。又令內外官依上元元年九品已上文武官咸帶手巾算袋，武官咸帶七事鞊韘並足。其腰帶一品至五品並用金，六品七品並用銀，八品九品並用鍮石。魚袋着紫者金裝，着緋者銀裝。景龍三年已前逋懸並放免。天下大酺五日。

五月庚戌，復武氏昊陵、順陵，仍量置官屬，太平公主爲武攸暨請也。庚申，韋安石加開府儀同三司。辛丑，改西城公主爲金仙公主，昌隆公主爲玉眞公主，仍置金仙、玉眞兩觀。壬戌，殿中監竇懷貞爲左臺御史大夫、同中書門下平章事。

六月壬午，依漢代故事，分置二十四都督府。

閏六月，初置十道按察使。

秋七月，新置都督府並停。唯雍洛州長史、揚益荆幷四大都督府長史階爲三品。

八月乙卯，詔以興聖寺是高祖舊宅，有柿樹，天授中枯死，至是重生，大赦天下。其謀殺、劫殺、造僞頭首並免死配流嶺南，官典受贓者特從放免。天下大酺三日。丁巳，皇太子釋奠于太學。己巳，韋安石爲尚書右僕射、同中書門下三品兼太子賓客，禮部尚書竇希玠爲太子少傅。庚午，改左右屯衞爲左右威衞，左右宗衞率府爲左右司禦府，渾儀監爲太史監。

九月丁卯，竇懷貞爲侍中。

冬十月甲辰，吏部尚書劉幽求爲侍中，散騎常侍魏知古同中書門下三品，太子詹事崔湜爲中書侍郎、同中書門下三品，中書侍郎陸象先同中書門下平章事。韋安石爲尚書左僕射、東都留守，侍中李日知爲戶部尚書，兵部尚書郭元振爲吏部尚書，侍中兼檢校左臺御史大夫竇懷貞爲左臺御史大夫，兵部侍郎兼左庶子張說爲尚書左丞，罷知政事。

十一月戊寅，改太史監爲太史局，依舊隸祕書省。改王師爲傅。

三年春正月辛未朔，親謁太廟。癸酉，上始釋慘服，御正殿受朝賀。甲戌，并、汾、絳三州地震，壞人廬舍。辛巳，南郊。戊子，躬耕籍田。己丑，大赦天下，改元爲太極。內外官四品已下加一階，三品已上加爵一級。孔宣父祠廟，本州取側近三十戶以供灑掃。天下大酺五日，特賜老人九十已上緋衫牙笏，八十已上綠衫木笏。乙未，戶部尚書岑羲、左臺御史大夫竇懷貞並同中書門下三品。

二月丁酉，祕書增少監一員，光祿、大理、鴻臚、太府、衞尉、宗正各增置少卿一員；少府監、將作監增置少監一員，國子監增置司業一員，左右臺各增置中丞一員。雍洛二州、并益荆揚四大都督府各增置司馬一員，仍分爲左右司馬。丁亥，皇太子釋奠於國學。追贈顏回爲太子太師，曾參爲太子太保。每年春秋釋奠，以四科弟子、曾參從祀，列于二十二賢之上〔九〕。辛酉，廢右御史臺官員。己巳，頒新格式於天下。

夏四月辛丑，制曰：

朕聞措刑由於用刑，去殺存乎必殺。明罰峻典，自古而然；立制齊人，於是乎在。自我朝建國，僅將百年，天下和平，其來已久。往承隋季，守法頗專；比襲時安，持綱日緩。況朕薄德，甚莫逮先；惟人難理，遠不如昔。粤從守位，三載于兹，庶務煩勞，不損晷景。嘗謂自我作則，感而成化；痛乎迷俗忘返，不威罔懲。將至純風，先歸重典。比者贓賄不息，渝濫公行，放心未寧，禁犯無懼。此焉暫革，期於承平，遂割小慈，以崇大體。自今已後，造僞頭首者斬，仍沒一房資財，同用廕者並停奪。非頭首者絞。其承前造僞人，限十日內首使盡。官典主司枉法受贓一匹已上，先決杖一百。其緣贓及惡狀被解及與替者，非選時不得輒入京城。縱家貫在京，不得輒至朝堂，妄有披訴。如有此色，並決杖仍加貶斥。其先在京城者，限三日內勒還。上下官僚輒緣私情相囑者，其受囑人宜封狀奏聞。成器已下，朕自決罰。其餘王公已下，並解見任官，三五年間不須齒錄。其進狀人別加褒賞。御史宜令分察諸司。

五月戊寅，親祀北郊。辛未，大赦天下，改元爲延和。桓彥範、敬暉、崔玄暐、張柬之、袁恕已等，特還其子孫實封二百戶。天下大酺五日。

六月癸丑，戶部尙書岑羲爲侍中。乙卯，追尊則天皇后曰天后聖帝。庚申，幽州都督孫佺率左驍衞將軍李楷洛、左威衞將軍周以悌等，將兵三萬，與奚首領李大輔戰于硎山，爲賊所敗，佺沒於陣。壬戌，魏知古爲戶部尙書，仍依舊同中書門下三品。

秋七月庚午，竇懷貞爲尙書右僕射，平章軍國重事。己卯，上觀樂於安福門，以燭繼晝，經日乃止。

八月庚子，帝傳位于皇太子，自稱太上皇帝，五日一度受朝於太極殿，自稱曰朕，三品已上除授及大刑獄，並自決之，其處分事稱誥、令。皇帝每日受朝於武德殿，自稱曰予，三品已下除授及徒罪並令決之〔一〇〕，其處分事稱制、敕。甲辰，大赦天下，改元爲先天。

八月戊申，皇帝子許昌王嗣直改封郯王，眞定王嗣謙爲郢王。己酉，以宋王成器爲司空，依舊遙領揚州大都督。庚戌，竇懷貞爲尙書左僕射、同中書門下三品，仍兼御史大夫；劉幽求爲尙書右僕射，依舊同中書門下三品；魏知古爲侍中；崔湜爲中書令；並監修國史。丁巳，立皇帝妃王氏爲皇后〔三〕。癸亥，劉幽求配流封州。

九月丁卯朔，日有蝕之。甲申，封皇帝子嗣昇爲陜王。

冬十月庚子，皇帝親謁太廟，禮畢，御延喜門，大赦天下。壬寅，祔昭成皇后、肅明皇后神主於儀坤廟。癸卯，皇帝幸新豐之温湯，校獵於渭川。

十二月丁未，諸禁人屠殺犬雞。戊午，改箕州爲儀州。

二年春正月，敕江北諸州團結兵馬，皆令本州刺史押掌。乙亥，吏部尚書兼太子右諭德、酇國公蕭至忠爲中書令。上元日夜，上皇御安福門觀燈，出內人連袂踏歌，縱百僚觀之，一夜方罷。

二月丙申，改隆州爲閬州，始州爲劍州。分冀州置深州。初，有僧婆陁請夜開門然燈百千炬，三日三夜。皇帝御延喜門觀燈縱樂，凡三日夜。左拾遺嚴挺之上疏諫之，乃止。

三月辛卯，皇后祀先蠶。癸巳，制敕表狀、書奏、牋牒年月等數，作一十、三十、四十字。

夏六月丙辰，兵部尚書、朔方道行軍大總管郭元振加同中書門下三品。

秋七月甲子，太平公主與僕射竇懷貞、侍中岑羲、中書令蕭至忠、左羽林大將軍常元楷等謀逆，事覺，皇帝率兵誅之。窮其黨與，太子少保薛稷、左散騎常侍賈膺福、右羽林將軍李慈李欽、中書舍人李猷、中書令崔湜、尚書左丞盧藏用、太史令傅孝忠、僧惠範等皆誅之。兵部尚書郭元振從上御承天門樓，大赦天下，自大辟罪已下，無輕重咸赦除之。翌日，太上皇誥曰：「朕將高居無爲，自今後軍國刑政一事以上，並取皇帝處分。」

開元四年夏六月甲子，太上皇帝崩于百福殿，時年五十五。秋七月己亥，上尊謚曰大聖貞皇帝，廟曰睿宗。冬十月庚午，葬于橋陵。天寶十三載二月，改謚曰玄眞大聖大興孝皇帝。

史臣曰：法不一則姦僞起，政不一則朋黨生，上既啓其泉源，下胡息於奔競。觀夫天后之時，雲委於二張之第；孝和之世，波注於三王之門。獻奇則除設盈庭，納賄則斜封滿路，咸以進趨相軋，姦利是圖，如火投泉，安得無敗？洎景龍繼統，汚俗廓清，然猶投杼於乘輿之間，抵掌於太平之日。以至書頻告變，上不自安，宮臣致禦魅之科，天子慊巡邊之詔。彼既彎弓而射我，我則號泣以行刑。此雖鎭國之尤，亦是臨軒之失。夫君人孝愛，錫之以典刑，納之於軌物，俾無僭逼，下絕覬覦，自然治道惟新，亂階不作。孝和既已失之，玄眞亦未爲得。

贊曰：孝和、玄眞，皆肖先人。率情背禮，取樂於身。夷塗不履，覆轍攸遵。扶持聖嗣賴有賢臣。

校勘記

〔一〕崔神慶　各本原作「韋慶」，據本書卷七七崔義玄傳、通鑑卷二〇八改。

〔二〕相王府　「相」字各本原無，據本書卷九一袁恕己傳補。

〔三〕房融配流欽州　通鑑卷二〇八作：「正諫大夫、同平章事房融除名，流高州；司禮卿崔神慶流欽州。」

〔四〕王及公主　「王」字各本原作「上」，據冊府卷三九改。

〔五〕孝敬妃裴氏爲哀皇后　「孝」「哀」二字各本原無，據本書卷八六孝敬皇帝弘傳、通鑑卷二〇八補。

〔六〕登封　各本原作「乾封」，據本書卷三八地理志改。

〔七〕封授諸大衞大將軍　本書卷一九四上突厥傳作：「封國王，授諸衞大將軍。」

〔八〕洛州長史　「洛」字各本原作「潞」，據本書卷九三張仁愿傳改。

〔九〕侍中舒國公韋巨源爲尚書左僕射並同中書門下三品　冊府卷七二作「侍中韋巨源爲左僕射，同中書門下三品」，無「並」字。通鑑卷二〇九作「韋巨源爲左僕射，楊再思爲右僕射，並同中書門下三品」。

〔一〇〕是日　各本原作「是月」，據集校本改。

〔一一〕改始平爲金城縣　「改始平」三字各本原無，據本書卷三八地理志、合鈔卷七中宗紀補。

〔一二〕內樣巾子　「樣」字各本原作「宴」，據本書卷四五輿服志、唐會要卷三一改。

〔一三〕年五十五　各本原作「年五十」。按中宗生於高宗顯慶元年，死於景龍四年，年五十五歲。據御覽卷一一〇、新書卷四中宗紀改。

〔一四〕親皇　合鈔卷七睿宗紀作「皇親」。

〔一五〕隆範　各本原作「進範」，據本書卷九五惠文太子範傳、通鑑卷二〇九改。下同。

〔一六〕後掖稱制計立沖人　各本原作「然後稱制許立沖人」，據冊府卷一〇、唐大詔令集卷三八改。

〔一七〕嗣直　局本作「嗣眞」，餘各本均作「嗣貞」，今據本卷下文及本書卷一〇七靖德太子琮傳改。

〔一八〕置都督府改武榮州爲泉州　「置」「府」「武」三字各本原無，據本書卷四〇地理志補。

〔一九〕二十二賢　各本原作「七十二賢」，據本書卷二四禮儀志、御覽卷一一〇改。據禮儀志，二十二賢指左丘明至范寧、賈逵等二十二人。

〔二〇〕徒罪　各本原作「重罪」，據本書卷八玄宗紀、御覽卷一一〇改。

〔二一〕皇帝妃　「皇帝」下各本原有「子」字，據合鈔卷七睿宗紀刪。

舊唐書卷八

本紀第八

玄宗上

玄宗至道大聖大明孝皇帝諱隆基，睿宗第三子也，母曰昭成順聖皇后竇氏。垂拱元年秋八月戊寅，生於東都。性英斷多藝，尤知音律，善八分書。儀範偉麗，有非常之表。三年閏七月丁卯，封楚王。天授三年十月戊戌，出閤，開府置官屬，年始七歲。朔望車騎至朝堂，金吾將軍武懿宗忌上嚴整，訶排儀仗，因欲折之。上叱之曰：「吾家朝堂，干汝何事？敢迫吾騎從！」則天聞而特加寵異之。尋却入閤。長壽二年臘月丁卯，改封臨淄郡王。聖曆元年，出閤，賜第於東都積善坊。大足元年，從幸西京，賜宅於興慶坊。長安中，歷右衛郎將、尚輦奉御。

神龍元年，遷衛尉少卿。景龍二年四月，兼潞州別駕。十二月，加銀青光祿大夫。州境有黄龍白日昇天。嘗出畋，有紫雲在其上，後從者望而得之。前後符瑞凡一十九事。四年，中宗將祀南郊，來朝京師。將行，使術士韓禮筮之，蓍一莖子然獨立。禮驚曰：「蓍立，奇瑞非常也，不可言。」屬中宗末年，王室多故，上常陰引材力之士以自助。上所居宅外有水池，浸溢頃餘，望氣者以爲龍氣。四年四月，中宗幸其第，因遊其池，結綵爲樓船，令巨象踏之。

至六月，中宗暴崩，韋后臨朝稱制。韋温、宗楚客、紀處訥等謀傾宗社，以睿宗介弟之重，先謀不利。道士馮道力、處士劉承祖皆善於占兆，詣上布誠款。上所居里名隆慶，時人語訛以「隆」爲「龍」；韋庶人稱制，改元又爲唐隆，皆符御名。上益自負，乃與太平公主謀之，公主喜，以子崇簡從。上乃與崇簡、朝邑尉劉幽求、長上折衝麻嗣宗、押萬騎果毅葛福順李仙鳧、寶昌寺僧普潤等定策誅之。或曰：「先啓大王。」上曰：「我拯社稷之危，赴君父之急，事成福歸於宗社，不成身死於忠孝，安可先請，憂怖大王乎！若請而從，是王與危事；請而不從，則吾計失矣。」遂以庚子夜率幽求等數十人自苑南入，總監鍾紹京又率丁匠百餘以從。分遣萬騎往玄武門殺羽林將軍韋播、高嵩，持首而至，衆歡叫大集。攻白獸、玄德等門，斬關而進，左萬騎自左入，右萬騎自右入，合於凌煙閣前。時太極殿前有宿衞梓宮萬騎，聞譟聲，皆披甲應之。韋庶人惶惑走入飛騎營，爲亂兵所害。於是分遣誅韋氏之黨，比明，內外討捕，皆斬之。乃馳謁睿宗，謝不先啓請之罪。睿宗遽前抱上而泣曰：「宗社禍難，由汝安定，神祇萬姓，賴汝之力也。」拜殿中監、同中書門下三品，兼押左右萬騎，進封平王。

睿宗即位，與侍臣議立皇太子，僉曰：「除天下之禍者，享天下之福；拯天下之危者，受天下之安。平王有聖德，定天下，又聞成器已下咸有推讓，宜膺主鬯，以副羣心。」睿宗從之。丙午，制曰：

舜去四凶而功格天地，武有七德而戡定黎人，故知有大勳者必受神明之福，仗高義者必爲匕鬯之主。朕恭臨寶位，亭育寰區，以萬物之心爲心，以兆人之命爲命。雖承繼之道，咸以冢嫡居尊；而無私之懷，必推功業爲首。然後可保安社稷，永奉宗祧。第三子平王基孝而克忠，義而能勇。比以朕居藩邸，虔守國彝，貴戚中人，都無引接。羣邪害正，兇黨實繁，利口巧言，讒說罔極。韋温、延秀，朋黨競起；晉卿、楚客，交搆其間。潛結回邪，排擠端善，潛貯兵甲，將害朕躬。基密聞其期，先難奮發，推身鞠弭，衆應如歸，呼吸之間，凶渠殄滅。安七廟於幾墜，拯羣臣於將殞。方舜之功過四，比武之德踰七。靈祇望在，昆弟樂推。一人元良，萬邦以定。爲副君者，非此而誰？可立爲皇太子。有司擇日，備禮册命。

七月己巳，睿宗御承天門，皇太子詣朝堂受册。是日有景雲之瑞，改元爲景雲，大赦天下。

二年，又制曰：「惟天生烝人，牧以元后；維皇立國，副以儲君。將以保綏家邦，安固後嗣者也。朕纂承洪業，欽奉寶圖，夜分不寢，日昃忘倦。茫茫四海，懼一人之未周；烝烝萬姓，恐一物之失所。雖卿士竭誠，守宰宣化，緬懷庶域，仍未小康。是以求下人之變風，遵先朝之故事。皇太子基仁孝因心，温恭成德，深達禮體，能辨皇猷，宜令監國，俾爾爲政。其六品以下除授及徒罪已下，並取基處分。」

延和元年六月，兇黨因術人聞睿宗曰：「據玄象，帝座及前星有災，皇太子合作天子，不合更居東宮矣。」睿宗曰：「傳德避災，吾意決矣。」七月壬午，制曰：

朕以寡昧，虔奉鴻休，本殊王季之賢，早違延陵之節。昔在聖曆，已讓皇嗣之尊；爰暨神龍，終辭太弟之授。豈唯衣冠所覩，抑亦兆庶咸知。頃屬國步不夷，時艱主幼，大業有綴旒之懼，寶位深墜地之憂，議迫公卿，遂司契纂，日愼一日，以至于今。一紀之勞，勤亦至矣；萬方之俗，化漸行矣。將成宿願，脫屣寰區。昔堯之禪舜，唯能是與，禹以命啓，匪私其親，神器之重，允歸公授。皇太子基有大功於天地，定阽危於社稷，温文既習，聖敬克躋。委之監國，已移歲年，時政益明，庶工惟序。朕之知子，庶不負時，曆數在躬，宜陟元后。可令卽皇帝位，有司擇日授册。朕方比迹洪古，希風太皇，神與化遊，思與道合，無爲無事，豈不美歟！王公百僚，宜識朕意。」上意惶懼，馳見叩頭，請所以傳位之旨。睿宗曰：「吾因汝功業得宗社。今帝座有眚，思欲遜避，唯聖德大勳，始轉禍爲福。易位於汝，吾知晚矣。」上始居武德殿視事，三品以下除授及徒罪皆自決之。

先天二年七月三日，尚書左僕射竇懷貞、侍中岑羲、中書令蕭至忠崔湜、雍州長史李晉、左羽林大將軍常元楷、右羽林將軍李慈等與太平公主同謀，期以其月四日以羽林軍作亂。上密知之，因以中旨告岐王範、薛王業、兵部尚書郭元振、將軍王毛仲，取閑廄馬及家人三百餘人，率太僕少卿李令問、王守一、內侍高力士、果毅李守德等親信十數人，出武德殿，入虔化門。梟常元楷、李慈於北闕。擒賈膺福、李猷於內客省以出，執蕭至忠、岑羲於朝，皆斬之。睿宗明日下詔曰：「朕將高居無爲，自今軍國政刑一事已上，並取皇帝處分。」上御承天門樓，下制曰：

朕承累聖之洪休，荷重光之積慶。昔因多難，內屬搆屯，寶位深墜地之憂，神器有綴旒之懼。事殷家國，義感神祇，吟嘯風雲，龔行雷電，致君親於堯、舜，濟黔首於休和。遂以孟秋，允昇儲貳；旋承內禪，繼體宸居。拜首之請空勤，讓立之誠莫展，恭臨億兆，二載于茲。上稟聖謨，下凝庶績，八荒同軌，瀛海無波。不謂姦慝潛謀，蕭牆竊發。逆賊竇懷貞等並以庸妄，權齒朝廷，毫髮之効未申，丘山之釁仍積，共成梟獍，將肆姦回。太上皇聖斷宏通，英謀獨運，命朕率岐王範、薛王業等躬事誅鋤。齊斧一麾，凶渠盡殪。太陽朗耀，澄氛靄於天衢；高風順時，厲肅殺於秋序。神靈協贊，夷夏相歡，四族之慝既清，七百之祚方永〔一〕。爰承後命，載闡休期，總軍國之大猷，施雲雨之鴻澤。承乾之道，既光被於無垠；作解之恩，思式覃於品物。當與億兆，同此惟新。可大赦天下，大辟罪已下咸赦除之。加邠王守禮實封三百戶，宋王成器、申王成義各加實封一千戶，岐王範、薛王業各加實封七百戶。文武官三品以下賜爵一級，四品已下各加一階。內外官人被諸道按察使及御史所摘伏，咸宜洗滌，選日依次敍用。

丁卯，崔湜、盧藏用除名，長流嶺表。壬申，王琚爲銀青光祿大夫、戶部尚書〔二〕，封趙國公，實封三百戶；姜皎銀青光祿大夫、工部尚書，封楚國公，實封五百戶；李令問銀青光祿大夫、殿中監，實封三百戶；王毛仲輔國大將軍、左武衞大將軍、檢校內外閑廐兼知監牧使、霍國公，實封五百戶；王守一銀青光祿大夫、太常卿同正員，進封晉國公，實封五百戶：並賞其定策功。琚、皎、令問固讓。癸丑，中書侍郎陸象先爲益州大都督府長史兼劍南道按察兵馬使，尚書左丞張說爲檢校中書令。甲戌，令毀天樞，取其銅鐵充軍國雜用。庚辰，王琚爲中書侍郎，加實封二百戶；姜皎殿中監，仍充內外閑廐使，加實封二百戶；李令問殿中少監、知尚食事，加實封二百戶。己丑，周孝明高皇帝依舊追贈太原王，宜去帝號；孝明皇后宜稱太原王妃；昊陵、順陵並稱太原王及妃墓。

八月壬辰，封州流人劉幽求爲尚書左僕射、知軍國重事、徐國公，仍依舊實封七百戶。制曰：「凡有刑人，國家常法。掩骼埋胔，王者用心。自今已後，輒有屠割刑人骨肉者，依法科殘害之罪。」

九月，司空兼揚州大都督、宋王成器爲太尉兼揚州大都督，益州大都督兼右金吾大將軍、申王成義爲司徒兼益州大都督，單于大都護兼左金吾大將軍、邠王守禮爲司空。癸丑，封華嶽神爲金天王。九月丁卯，宋王成器爲開府儀同三司，尚書左僕射劉幽求同中書門下三品，檢校中書令、燕國公張說爲中書令，特進王仁皎爲開府儀同三司。己卯，宴王公百僚於承天門，令左右於樓下撒金錢，許中書門下五品已上官及諸司三品已上官爭拾之，仍賜物有差。郭元振兼御史大夫。丙戌，又置右御史臺。

冬十一月甲申，幸新豐之温湯。癸卯，講武於驪山。兵部尚書、代國公郭元振坐虧失軍容，配流新州；給事中、攝太常少卿唐紹以軍禮有失，斬於纛下。甲辰，畋獵於渭川。同州刺史、梁國公姚元之爲兵部尚書、同中書門下三品。乙巳，至自温湯。十一月乙丑，幽求兼知侍中。戊子，上加尊號爲開元神武皇帝。

十二月庚寅朔，大赦天下，改元爲開元，內外官賜勳一轉。改尚書左、右僕射爲左、右丞相，中書省爲紫微省，門下省爲黃門省，侍中爲監。雍州爲京兆府，洛州爲河南府，長史爲尹，司馬爲少尹〔三〕。國初以來宰相及食實封功臣子孫，一應沈翳未承恩者，令量才擢用。開元元年十二月己亥，禁斷潑寒胡戲。癸丑，尚書左丞相兼黃門監劉幽求爲太子少保，罷知政事；紫微令張說爲相州刺史。甲寅，門下侍郎盧懷愼同紫微黃門平章事。

二年春正月，關中自去秋至于是月不雨，人多饑乏，遣使賑給。制求直諫昌言弘益政理者〔四〕。名山大川，並令祈祭。丙寅，紫微令姚崇上言請檢責天下僧尼，以僞濫還俗者二萬餘人。甲申，幷州大都督府長史兼檢校左衞大將軍薛訥同紫微黃門三品，仍總兵以討奚、契丹。

二月，突厥默啜遣其子同俄特勤率衆寇北庭都護府〔五〕，右驍衞將軍郭虔瓘擊敗之，斬同俄於城下。己酉，以旱，親錄囚徒。改太史監罷隸秘書省。

閏月癸亥，令道士、女冠、僧尼致拜父母。丁卯，復置十道按察使。己未，突厥默啜妹壻火拔頡利發石失畢與其妻來奔，封燕山郡王，授左衞員外大將軍。紫微侍郎、趙國公王琚左授澤州刺史，賜實封一百戶，餘並停。丁亥，劉幽求爲睦州刺史。

三月甲辰，靑州刺史、郇國公韋安石爲沔州別駕；太子賓客、逍遙公韋嗣立爲岳州別駕；特進致仕李嶠先隨子在袁州，又貶滁州別駕：並員外置。去年九月有詔毁天樞，至今春始〔六〕。

夏五月辛亥，黃門監魏知古工部尙書，罷知政事。

六月丁巳，開府儀同三司、宋王成器爲岐州刺史，司徒、申王成義爲豳州刺史，司空、邠王守禮爲虢州刺史：委務於上佐。內出珠玉錦繡等服玩，又令於正殿前焚之。乙丑，兵部尙書致仕、韓國公張仁愿卒。

七月，薛訥與副將杜賓客、崔宣道等總兵六萬自檀州道遇賊於灤河，爲賊所敗。訥等屛甲遁歸，減死，除名爲庶人。辛未，光祿卿竇希瑊爲太子太傅。房州刺史、襄王重茂薨於梁州，謚曰殤帝。丙午，昭文館學士柳沖、太子左庶子劉子玄刊定姓族系錄二百卷，上之。以興慶里舊邸爲興慶宮〔七〕。諸王傅並停。京官所帶跨巾算袋，每朔參日着，外官衙日着，餘日停。吐蕃寇臨洮軍，又遊寇蘭州、渭州，掠羣牧，起薛訥攝左羽林將軍、隴右防禦使，率杜賓客、郭知運、王晙、安思順以禦之。太常卿、岐王範爲華州刺史，秘書監、薛王業爲同州刺史。

八月戊午，西天竺國遣使獻方物。

九月戊申，幸新豐之温泉。甲寅，制曰：「自古帝王皆以厚葬爲誡，以其無益亡者，有損生業故也。近代以來，共行奢靡，遞相仿效，浸成風俗，既竭家產，多至凋弊。然則魂魄歸天，明精誠之已遠；卜宅於地，蓋思慕之所存。古者不封，未爲非達。且墓爲眞宅，自便有房，今乃別造田園，名爲下帳，又冥器等物，皆競驕侈。失禮違令，殊非所宜；戮屍暴骸，實由於此。承前雖有約束，所司曾不申明，喪葬之家，無所依准。宜令所司據品令高下，明爲節制：冥器等物，仍定色數及長短大小；園宅下帳，並宜禁絕；墳墓塋域，務遵簡儉；凡諸送終之具，並不得以金銀爲飾。如有違者，先決杖一百。州縣長官不能舉察，並貶授遠官。」

冬十月戊午，至自温泉。薛訥破吐蕃於渭州西界武階驛，斬首一萬七千級，馬七萬七千，牛羊四萬頭。豐安軍使郎將、判將軍王海賓先鋒力戰，死之。

十一月庚寅，葬殤帝於武功西原。

十二月乙丑，封皇子嗣眞爲鄫王，嗣初爲鄂王，嗣玄爲鄄王。時右威衞中郎將周慶立爲安南市舶使，與波斯僧廣造奇巧，將以進內。監選使、殿中侍御史柳澤上書諫，上嘉納之。

三年春正月丁亥，立郢王嗣謙爲皇太子，降死罪已下，大酺三日。癸卯，黃門侍郎盧懷愼爲檢校黄門監。甲辰，工部尙書魏知古卒。

二月，禁斷天下採捕鯉魚。十姓部落左廂五咄六啜、右廂五弩失畢五俟斤〔八〕，及高麗莫離支高文簡、都督跌跌思太等〔九〕，各率其衆自突厥相繼來奔，前後總二千餘帳。析許州、唐州置仙州。

夏四月，岐王範兼虢州刺史，薛王業兼幽州刺史。

六月，山東諸州大蝗，飛則蔽景，下則食苗稼，聲如風雨。紫微令姚崇奏請差御史下諸道，促官吏遣人驅撲焚瘞，以救秋稼，從之。是歲，田收有穫，人不甚饑。

秋七月，刑部尙書李日知卒。

冬十月甲寅，制曰：「朕聽政之暇，常覽史籍，事關理道，實所留心，中有闕疑，時須質問。宜選耆儒博學一人，每日入内侍讀。」以光祿卿馬懷素爲左散騎常侍，與右散騎常侍褚无量並充侍讀〔一〇〕。甲子，幸鄠縣之鳳泉湯。

十一月己卯，至自鳳泉湯。乙酉，幸新豐之温湯。丁亥，妖賊崔子嵒等入相州作亂。戊子，州司討平之。甲午，至自温湯。

十二月庚午，以軍器使爲軍器監，置官員。

是冬無雪。

四年春正月癸未，尚衣奉御長孫昕恃以皇后妹壻，與其妹夫楊仙玉毆擊御史大夫李傑，上令朝堂斬昕以謝百官。以陽和之月不可行刑，累表陳請，乃命杖殺之。丁亥，宋王成器、申王成義以「成」字犯昭成皇后謚號，於是成器改名憲，成義改爲撝。刑部尚書、中山郡公李乂卒。

二月丙辰，幸新豐之溫湯。丁卯，至自溫湯。以關中旱，遣使祈雨于驪山，應時澍雨。令以少牢致祭，仍禁斷樵採。

夏六月庚寅，月蝕既。癸亥，太上皇崩于百福殿。辛未，京師、華、陝三州大風拔木。癸酉，突厥可汗默啜爲九姓拔曳固所殺，斬其首送于京師。默啜兄子小殺繼立爲可汗。

是夏，山東、河南、河北蝗蟲大起，遣使分捕而瘞之。其迴紇、同羅、霫、勃曳固、僕固五部落來附，於大武軍北安置。

秋七月丙申，分嶲、雅二州置黎州。

冬十月癸丑，戶部尚書、新除太子詹事畢構卒。庚午，葬睿宗大聖貞皇帝于橋陵。以同州蒲城縣爲奉先縣，隸京兆府。

十一月丁亥，徙中宗神主于西廟。甲午，尚書左丞源乾曜爲黃門侍郎、同紫微黃門平章事。辛丑，黃門監兼吏部尙書盧懷愼卒。

十二月乙卯，幸新豐之温湯。其夜，定陵寢殿災。乙丑，至自温湯。尙書、廣平郡公宋璟爲吏部尙書兼黃門監，紫微侍郎、許國公蘇頲同紫微黃門平章事。兵部尙書兼紫微令、梁國公姚崇爲開府儀同三司，黃門侍郎、安陽男源乾曜守京兆尹，並罷知政事。停十道採訪使。

五年春正月壬寅朔，上以喪制不受朝賀。癸卯寅時，太廟屋壞，移神主于太極殿，上素服避正殿，輟朝五日，日躬親祭享。辛亥，幸東都。戊辰，昏霧四塞。

二月甲戌，至自東都，大赦天下，唯謀反大逆不在赦限，餘並宥之。河南百姓給復一年，河南、河北遭澇及蝗蟲處，無出今年地租。武德、貞觀以來勳臣子孫無位者，訪求其後奏聞；有嘉遯幽棲養高不仕者，州牧各以名薦。

三月庚戌，於柳城依舊置營州都督府。丁巳，以辛景初女封爲固安縣主，妻于奚首領饒樂郡王大酺。

夏四月己丑，皇帝第九子嗣一薨，追封夏王，謚曰悼。甲午，以則天拜洛受圖壇及碑文并顯聖侯廟，初因唐同泰僞造瑞石文所建，令卽廢毀。

六月壬午，鞏縣暴雨連月，山水泛濫，毀郭邑廬舍七百餘家，人死者七十二。汜水同日漂壞近河百姓二百餘家。

秋七月甲子，詔曰：「古者操皇綱執大象者，何嘗不上稽天道，下順人極，或變通以隨時，爰損益以成務。且衢室創制，度堂以筵。因之以禮神，是光孝德；用之以布政，蓋稱視朔，先王所以厚人倫感天地者也。少陽有位，上帝斯歆，此則神貴於不黷，禮殷於至敬。今之明堂，俯鄰宮掖，比之嚴祝，有異肅恭，苟非憲章，將何軌物？由是禮官博士公卿大臣廣參羣議，欽若前古，宜存露寢之式，用罷辟雍之號。可改爲乾元殿，每臨御依正殿禮。」

九月壬寅，改紫微省依舊爲中書省，黃門省爲門下省，黃門監爲侍中。

冬十月丙子，京師修太廟成。丁丑，詔以故越王貞死非其罪，封故許王男琳爲嗣越王，以繼其後。戊寅，祔神主于太廟。

十一月己亥，契丹首領松漠郡王李失活來朝，以宗女爲永樂公主以妻之。司徒兼鄧州刺史、申王撝兼虢州刺史。

六年春正月丙辰朔，以未經大祥，不受朝賀。辛酉，禁斷天下諸州惡錢，行二銖四分已上好錢，不堪用者並卽銷破覆鑄。將作大匠韋湊上疏，請遷孝敬神主，別立義宗廟。以太子少師兼許州刺史、岐王範兼鄭州刺史。

二月甲戌，禮幣徵嵩山隱士盧鴻。

夏五月乙未，孝敬哀皇后祔于恭陵。契丹松漠郡王李失活卒。

六月甲申，瀍水暴漲，壞人廬舍，溺殺千餘人。乙酉，制以故侍中桓彥範、敬暉、故中書令兼吏部尚書張柬之、故特進崔玄暐、故中書令袁恕己配饗中宗廟庭，故司空蘇瓌、故左丞相太子少保郴州刺史劉幽求配饗睿宗廟庭。

秋七月己未，秘書監馬懷素卒。

九月乙未，遣工部尚書劉知柔持節往河南道存問。

冬十月丙申，車駕還京師。

十一月辛卯，至自東都。丙申，親謁太廟，迴御承天門，詔：「七廟元皇帝已上三祖枝孫有失官序者，各與一人五品京官。內外官三品已上有廟者，各賜物三十匹，以備修祭服及俎豆。」賜文武官有差。乙巳，傳國八璽依舊改稱寶，符璽郎爲符寶郎。

十二月，以開府儀同三司兼澤州刺史、宋王憲爲涇州刺史，司徒兼虢州刺史、申王撝爲絳州刺史，以太子少師兼鄭州刺史、岐王範爲岐州刺史，以太子少保兼衞州刺史、薛王業爲虢州刺史。

七年春正月，吐蕃遣使朝貢。

三月丁酉，左武衞大將軍、霍國公王毛仲加特進。渤海靺鞨郡王大祚榮死，其子武藝嗣位。

夏四月癸酉，開府儀同三司王仁皎薨。

五月己丑朔，日有蝕之。

秋七月丙辰，制以亢陽日久，上親錄囚徒，多所原免。諸州委州牧、縣宰量事處置。

八月癸丑，敕：「周公制禮，歷代不刊；子夏爲傳，孔門所受。逮及諸家，或變例。與其改作，不如好古。諸服紀宜一依舊文。」

九月甲子，改昭文館依舊爲弘文館。宋王憲徙封寧王。

冬十月，於東都來庭縣廨置義宗廟。辛卯，幸新豐之温湯。癸卯，至自温湯。戊寅，皇太子詣國學行齒胄禮，陪位官及學生賜物有差。

十二月丙戌，置弘文、崇文兩館讎校書郎官員。

八年春正月甲子朔，皇太子加元服。乙丑，皇太子謁太廟。丙寅，會百官於太極殿，賜物有差。壬申，右散騎常侍、舒國公褚无量卒。己卯，侍中宋璟爲開府儀同三司，中書侍郎蘇頲爲禮部尚書，並罷知政事。京兆尹源乾曜爲黃門侍郎，并州大都督府長史張嘉貞爲中書侍郎，並同中書門下平章事。

二月丁酉，皇子敏薨〔二〕，追封懷王，謚曰哀。

夏五月丁卯，源乾曜爲侍中，張嘉貞爲中書令。南天竺國遣使獻五色鸚鵡。

六月壬寅夜，東都暴雨，穀水泛漲。新安、澠池、河南、壽安、鞏縣等廬舍蕩盡，共九百六十一戶，溺死者八百一十五人。許、衞等州掌閑番兵溺者千一百四十八人。

秋九月，突厥欲谷寇甘、涼等州〔三〕，涼州都督楊敬述爲所敗，掠契苾部落而歸。以御史大夫王晙爲兵部尚書兼幽州都督，黃門侍郎韋抗爲御史大夫、朔方總管以禦之。甲子，太子少師兼岐州刺史、岐王範兼太子太傅〔四〕，太子少保兼虢州刺史、薛王業爲太子太保，餘並如故。

冬十月辛巳，幸長春宮。壬午，畋于下邽。

十一月乙丑，至自長春宮。辛未，突厥寇涼州，殺人掠羊馬數萬計而去。

九年春正月丙辰，改蒲州爲河中府，置中都。丙寅，幸新豐之溫湯。

夏四月庚寅，蘭池州叛胡顯首僞稱葉護康待賓、安慕容，爲多覽殺大將軍何黑奴〔二四〕，僞將軍石神奴、康鐵頭等，據長泉縣〔二五〕，攻陷六胡州。兵部尚書王晙發隴右諸軍及河東九姓掩討之。甲戌，上親策試應制舉人於含元殿，謂曰：「古有三道，今減二策。近無甲科〔二六〕，朕將存其上第，務收賢俊，用寧軍國。」仍令有司設食。

秋七月戊申，罷中都，依舊爲蒲州。己酉，王晙破蘭池州叛胡，殺三萬五千騎。丙辰，揚、潤等州暴風，發屋拔樹，漂損公私船舫一千餘隻。辛酉，集諸酋長〔二七〕，斬康待賓。先天中，重修三九射禮，至是，給事中許景先抗疏罷之。

九月己巳朔，日有蝕之。丁未，開府儀同三司、梁國公姚崇薨。丁巳，御丹鳳樓，宴突厥首領。庚申，幸中書省。癸亥，右羽林將軍、權檢校并州大都督府長史、燕國公張說爲兵部尚書、同中書門下三品。

冬十一月丙辰，左散騎常侍元行沖上羣書目錄二百卷，藏之內府。庚午冬至，大赦天下，內外官九品已上加一階，三品已上加爵一等。自六月二十日、七月三日匡衞社稷食實封功臣，坐事削除官爵，中間有生有死，並量加收贈。致仕官合佩魚者聽其終身。賜酺三日。

十二月乙酉，幸新豐之温湯。壬午，至自温湯。

是冬無雪。

十年春正月丁巳，幸東都。甲子，省王公已下視品官參佐及京三品已上官伏身職員。乙丑，停天下公廨錢，其官人料以稅戶錢充，每月准舊分例數給。戊申，內外官職田，除公廨田園外，並官收，給還逃戶及貧下戶欠丁田。

二月戊寅，至東都。

三月戊申，詔自今內外官有犯贓至解免已上，縱逢赦免，並終身勿齒。

夏四月丁酉，封契丹首領松漠都督李鬱于爲松漠郡王，奚首領饒樂都督李魯蘇爲饒樂郡王。

五月，東都大雨，伊、汝等水泛漲，漂壞河南府及許、汝、仙、陳等州廬舍數千家，溺死者甚衆。

閏五月壬申，兵部尚書張說往朔方軍巡邊。戊寅，敕諸番充質宿衞子弟，並放還國。

六月辛丑，上訓註孝經，頒于天下。癸卯，以餘姚縣主女慕容氏爲燕郡公主，出降奚首領饒樂郡王李魯蘇〔一八〕。己巳，增置京師太廟爲九室，移孝和皇帝神主以就正廟。

秋八月丙戌，嶺南按察使裴伷先上言安南賊帥梅叔鸞等攻圍州縣，遣驃騎將軍兼內侍楊思勗討之。丁亥，遣戶部尚書陸象先往汝、許等州存撫賑給。丙申，博、棣等州黃河堤破，漂損田稼。

九月，張說擒康願子於木盤山。詔移河曲六州殘胡五萬餘口於許、汝、唐、鄧、仙、豫等州，始空河南朔方千里之地。甲戌，秘書監、楚國公姜皎坐事，詔杖之六十，配流欽州，死於路。都水使者劉承祖配流雷州。乙亥，制曰：「朕君臨宇內，子育黎元。內修睦親，以敍九族；外協庶政，以濟兆人。勳戚加優厚之恩，兄弟盡友于之至。務崇敦本，克愼明德。今小人作孽，已伏憲章，恐不逞之徒，猶未能息。凡在宗屬，用申懲誡：自今已後，諸王、公主、駙馬、外戚家，除非至親以外，不得出入門庭，妄說言語。所以共存至公之道，永協和平之義，克固藩翰，以保厥休。貴戚懿親，宜書座右。」又下制，約百官不得與卜祝之人交遊來往。乙卯夜，京兆人權梁山僞稱襄王男，自號光帝，與其黨權楚璧，以屯營兵數百人，自景風、長樂等門斬關入宮城構逆。至曉兵敗，斬梁山，傳首東都。廢河陽柏崖倉。

冬十月癸丑，乾元殿依舊題爲明堂。甲寅，幸壽安之故興泰宮，畋獵于上宜川。庚申，至自興泰宮。波斯國遣使獻獅子。

十一月乙未，初令宰相共食實封三百戶。

十二月，停按察使。

十一年春正月丁卯，降都城見禁囚徒，流、死罪減一等，餘並原之。己巳，北都巡狩，敕所至處存問高年、鰥寡惸獨、征人之家；減流、死罪一等，徒以下放免。庚辰，幸幷州、潞州，宴父老，曲赦大辟罪已下，給復五年。別改其舊宅爲飛龍宮。辛卯，改幷州爲太原府，官吏補授，一準京兆、河南兩府。百姓給復一年，貧戶復二年，元從戶復五年。武德功臣及元從子孫，有才堪文武未有官者，委府縣搜揚，具以名薦。上親制起義堂頌及書，刻石紀功于太原府之南街。戊申，次晉州。壇場使、中書令張嘉貞貶爲幽州刺史。壬子，祠后土于汾陰之脽上，昇壇行事官三品已上加一爵，四品已上加一階，陪位官賜勳一轉。改汾陰爲寶鼎縣。癸亥，兵部尙書張說兼中書令。

三月庚午，車駕至京師，制所經州、府、縣無出今年地稅，京城見禁囚徒並原免之。

夏四月丙辰，遷祔中宗神主于太廟。癸亥，張說正除中書令，吏部尙書、中山公王晙爲兵部尙書、同中書門下三品。

五月己巳，北都置軍器監官員。王晙爲朔方節度使，兼知河北郡、隴右、河西兵馬使。

六月，王晙赴朔方軍。

秋八月戊申，尊八代祖宣皇帝廟號獻祖，光皇帝廟號懿祖，始祔于太廟之九室。

九月己巳，頒上撰廣濟方於天下，仍令諸州各置醫博士一人。春秋二時釋奠，諸州宜依舊用牲牢，其屬縣用酒醋而已。

冬十月丁酉，幸新豐之温泉宮。甲寅，至自温泉。

十一月戊寅，親祀南郊，大赦天下，見禁囚徒死罪至徒流已下免除之。昇壇行事及供奉官三品已上賜爵一級，四品轉一階。武德以來實封功臣、知政宰輔淪屈者〔一九〕，所司具以狀聞。賜酺三日，京城五日。是月，自京師至于山東、淮南大雪，平地三尺餘。丁亥，廢軍器監官員，少府監加置少監一人以充之。

十二月甲午，幸鳳泉湯。戊申，至自鳳泉湯。庚申，王晙授蘄州刺史。

十二年春正月。

夏四月，封故澤王上金男義珣爲嗣澤王。嗣許王瓘左授鄂州別駕，以弟璆爲上金嗣故也。癸卯，嗣江王禕降爲信安郡王，嗣蜀王褕爲廣漢郡王，嗣密王徹爲濮陽郡王，嗣曹王臻爲濟國公，嗣趙王琚爲中山郡王，武陽郡王堪爲澧國公。禕等並自神龍之後外繼爲王〔二〇〕，以瓘利澤王之封，盡令歸宗改封焉。

秋七月壬申，月蝕既。己卯，廢皇后王氏爲庶人。后弟太子少保、駙馬都尉守一貶爲澤州別駕，至藍田，賜死。戶部尙書、河東伯張嘉貞貶台州刺史。

冬十一月庚申，幸東都，至華陰，上制岳廟文，勒之于石，立于祠南之道周。戊寅，至自東都。庚辰，司徒、申王撝薨，追謚曰惠莊太子。五溪首領覃行璋反，遣鎭軍大將軍兼內侍楊思勗討平之。

閏十二月丙辰朔，日有蝕之。

十三年春正月乙酉，以幽州都督府爲大都督府。戊子，降死罪從流，流已下罪悉原之。分遣御史中丞蔣欽緖等往十道疏決囚徒。

二月戊午，幸龍門，卽日還宮。乙亥，初置彍騎，分隸十二司。丙子，改豳州爲邠州，鄚州爲莫州，梁州爲褒州，沅州爲巫州，舞州爲鶴州，泉州爲福州，以避文相類及聲相近者。

三月甲午，皇太子嗣謙改名鴻；郯王嗣直改名潭，徙封慶王；陝王嗣昇改名浚，徙封忠王；鄫王嗣眞改名洽，徙封棣王；鄂王嗣初改名涓，徙封郎王；嗣玄改名滉，封榮王。又第八子涺封爲光王，第十二男濰封爲儀王，第十三男澐封爲潁王，第十六男澤封爲永王，第十八男淸封爲壽王，第二十男洄封爲延王，第二十一男沐封爲盛王，第二十二男溢封爲濟王。丙申，御史大夫程行諶奏：「周朝酷吏來子珣、萬國俊、王弘義、侯思止、郭霸、焦仁亶、張知默、李敬仁、唐奉一、來俊臣、周興、丘神勣、索元禮、曹仁哲、王景昭、裴籍、李秦授、劉光業、王德壽、屈貞筠、鮑思恭、劉景陽、王處貞等二十三人，殘害宗枝，毒陷良善，情狀尤重，子孫不許仕宦。陳嘉言、魚承曄、皇甫文備、傅遊藝四人，情狀雖輕，子孫不許近任。請依開元二年二月五日敕。」

夏四月丁巳，改集仙殿爲集賢殿，麗正殿書院改集賢殿書院；內五品已上爲學士，六品已下爲直學士。癸酉，令朝集使各舉所部孝悌文武，集於泰山之下。

五月庚寅，妖賊劉定高率其黨夜犯通洛門，盡擒斬之。

六月乙亥，廢都西市。

冬十月癸丑，新造銅儀成，置於景運門內，以示百官。辛酉，東封泰山，發自東都。

十一月丙戌，至兗州岱宗頓〔三〕。丁亥，致齋於行宮。己丑，日南至，備法駕登山，仗衞羅列嶽下百餘里。詔行從留於谷口，上與宰臣、禮官昇山。庚寅，祀昊天上帝於上壇，有司祀五帝百神于下壇。禮畢，藏玉册於封祀壇之石䃭，然後燔柴。燎發，羣臣稱萬歲，傳呼自山頂至嶽下，震動山谷。上還齋宮，慶雲見，日抱戴。辛卯，祀皇地祇於社首，藏玉册於石䃭，如封祀壇之禮。壬辰，御帳殿受朝賀，大赦天下，流人未還者放還。內外官三品已上賜爵一等，四品已下賜一階，登山官封賜一階，褒聖侯量才與處分。封泰山神爲天齊王，禮秩加三公一等，近山十里，禁其樵採。賜酺七日〔三〕。侍中源乾曜爲尙書左丞相兼侍中，中書令張說爲尙書右丞相兼中書令。甲午，發岱嶽。丙申，幸孔子宅，親設奠祭。

十二月己巳，至東都。時累歲豐稔，東都米斗十錢，青、齊米斗五錢。

是冬，分吏部爲十銓，敕禮部尙書蘇頲、刑部尙書韋抗、工部尙書盧從愿等分掌選事。

十四年春正月癸亥，改封契丹松漠郡王李召固爲廣化王，奚饒樂郡王李魯蘇爲奉誠王，封宗室外甥女二人爲公主，各以妻之。

二月庚戌朔，邕州獠首領梁大海、周光等據賓、橫等州叛，遣驃騎大將軍兼內侍楊思勗討之。

三月壬寅，以國甥東華公主降于契丹李召固。

夏四月癸丑，御史中丞宇文融與御史大夫崔隱甫彈尙書右丞相〔三〕、兼中書令張說，鞫於尙書省。丁巳，戶部侍郎李元紘同中書門下平章事。庚申，張說停兼中書令。丁卯，太子少師、岐王範薨，册贈惠文太子。辛丑，於定、恆、莫、易、滄等五州置軍以備突厥。

五月癸卯，戶部進計帳，今年管戶七百六萬九千五百六十五，管口四千一百四十一萬九千七百一十二。

六月戊午，大風，拔木發屋，毀端門鴟吻，都城門等及寺觀鴟吻落者殆半。上以旱、暴風雨，命中外羣官上封事，指言時政得失，無有所隱。

秋七月癸丑夜，瀍水暴漲入漕，漂沒諸州租船數百艘，溺者甚衆。

九月己丑，檢校黄門侍郎兼磧西副大都護杜暹同中書門下平章事。

是秋，十五州言旱及霜，五十州言水，河南、河北尤甚，蘇、同、常、福四州漂壞廬舍，遣御史中丞宇文融檢覆賑給之。

冬十月，廢鱗州。庚申，幸汝州廣成湯。己巳，還東都。

十一月甲戌，突厥遣使來朝。辛丑，渤海靺鞨遣其子義信來朝，并獻方物。

十二月丁巳，幸壽安之方秀川。己未，日色赤如赭。壬戌，還東都。

十五年春正月戊寅，制草澤有文武高才，令詣闕自舉。庚子，太史監復爲太史局，依舊隸秘書省。辛丑，涼州都督王君㚟破吐蕃於青海之西，虜輜車、馬羊而還。

二月，遣左監門將軍黎敬仁往河北賑給貧乏，時河北牛畜大疫。己巳，尙書右丞相張說、御史大夫崔隱甫、中丞宇文融以朋黨相構，制說致仕，隱甫免官侍母，融左遷魏州刺史。

夏五月，晉州大水，漂損居人廬舍。癸酉，以慶王潭爲涼州都督兼河西諸軍節度大使，忠王浚爲單于大都護、朔方節度大使，棣王洽爲太原冀北牧、河北諸軍節度大使，鄂王涓爲幽州都督、河北節度大使，榮王滉爲京兆牧、隴右節度大使，光王琚爲廣州都督、五府節度大使，儀王濰爲河南牧，潁王澐爲安東都護、平盧軍節度大使，永王澤爲荆州大都督，壽王清爲益州大都督、劍南節度大使，延王洄爲安西大都護、磧西節度大使，盛王沐爲揚州大都督，並不出閤。

秋七月甲戌，雷震興教門樓兩鴟吻，欄檻及柱災。禮部尚書蘇頲卒。庚寅，鄜州洛水泛漲，壞人廬舍。辛卯，又壞同州馮翊縣廨宇，及溺死者甚衆。丙申，改武臨縣爲潁陽縣。己亥，赦都城繫囚，死罪降從流，徒已下罪悉免之。

九月丙子，吐蕃寇瓜州，執刺史田元獻及王君㚟父壽，殺掠人吏，盡取軍資倉糧而去。丙戌，突厥毗伽可汗使其大臣梅錄啜來朝。

閏月庚子，突騎施蘇祿〔二四〕、吐蕃贊普圍安西，副大都護趙頤貞擊走之〔二五〕。庚申，車駕發東都，還京師。迴紇部落殺王君㚟于甘州之鞏筆驛。制檢校兵部尚書蕭嵩兼判涼州事，總兵以禦吐蕃。

是秋，六十三州水，十七州霜旱；河北饑，轉江淮之南租米百萬石以賑給之。

冬十月己卯，至自東都。

十二月乙亥，幸温泉宫。丙戌，至自温泉宫。

十六年春正月庚子，始聽政于興慶宫。春、瀧等州獠首領瀧州刺史陳行範、廣州首領馮仁智、何遊魯叛〔二六〕，遣驃騎大將軍楊思勗討之。壬寅，安西副大都護趙頤貞敗吐蕃于曲子城〔二七〕。甲子，黑水靺鞨遣使來朝獻。

秋七月，吐蕃寇瓜州，刺史張守珪擊破之。乙巳，檢校兵部尚書蕭嵩、鄯州都督張志亮攻拔吐蕃門城，斬獲數千級，收其資畜而還。丙辰，新羅王金興光遣使貢方物。

八月己巳，特進張説進開元大衍曆，詔命有司頒行之。辛卯，蕭嵩又遣杜賓客擊吐蕃于祁連城，大破之，獲其大將一人，斬首五千級。

九月丙午，以久雨，降死罪從流，徒以下原之。

冬十月己卯，幸温泉宫。己丑，至自温泉宫。

十一月癸巳朔，檢校兵部尚書、河西節度判涼州事蕭嵩爲兵部尚書、同中書門下平章事，餘如故。

十二月丁卯，幸温泉宫。丁丑，至自温泉宫。

十七年二月丁卯，嶲州都督張審素攻破蠻，拔昆明城及鹽城，殺獲萬人。庚子，特進張說復爲尚書左丞相，同州刺史陸象先爲太子少保。甲寅，禮部尚書、信安王禕帥衆攻拔吐蕃石堡城。

夏四月癸亥，令中書門下分就大理、京兆、萬年、長安等獄疏決囚徒。制天下繫囚死罪減一等，餘並宥之。丁亥，大風震電，藍田山崩。

五月癸巳，復置十道按察使。右散騎常侍徐堅卒。

六月甲戌，尚書左丞相源乾曜停兼侍中，黃門侍郎杜暹爲荊州大都督府長史，中書侍郎李元紘爲曹州刺史。兵部尚書蕭嵩兼中書令。戶部侍郎兼鴻臚卿宇文融爲黃門侍郎，兵部侍郎裴光庭爲中書侍郎，並同中書門下平章事。

秋七月辛丑，工部尚書張嘉貞卒。

八月癸亥，上以降誕日，讌百僚于花萼樓下。百僚表請以每年八月五日爲千秋節，王公已下獻鏡及承露囊，天下諸州咸令讌樂，休暇三日，仍編爲令，從之。丙寅，越州大水，漂壞廨宇及居人廬舍。己卯，中書侍郎裴光庭兼御史大夫，依舊知政事。乙酉，尚書右丞相、開府儀同三司兼吏部尚書宋璟爲尚書左丞相，尚書左丞相源乾曜爲太子少傅。

九月壬子，宇文融左遷汝州刺史，俄又貶昭州平樂尉。壬寅，裴光庭爲黃門侍郎，依舊知政事。

冬十月戊午朔，日有蝕之，不盡如鉤。癸未，睦州獻竹實。庚申，前太子賓客元行沖卒。

十一月庚申，親饗九廟。辛卯，發京師。丙申，謁橋陵。上望陵涕泣，左右並哀感。制奉先縣同赤縣，以所管萬三百戶供陵寢，三府兵馬供宿衛，曲赦縣內大辟罪已下。戊戌，謁定陵。己亥，謁獻陵。壬寅，謁昭陵。乙巳，謁乾陵。戊申，車駕還宮。大赦天下，流移人並放還，左降官移近處。百姓無出今年地稅之半。每陵取側近六鄉供陵寢。內外官三品已上加爵一等，四品已下賜一階，五品已上清官父母亡者〔三八〕，依級賜官及邑號。

十二月辛酉，幸温泉宮。乙丑，校獵渭濱。壬申，至自温泉宮。

是冬無雪。

十八年春正月辛卯，黃門侍郎裴光庭爲侍中，依舊兼御史大夫。左丞相張說加開府儀同三司。丙午，幸薛王業宅，即日還宮。

二月丙寅，大雨雪，俄而雷震，左飛龍廐災。

三月辛卯，改定州縣上中下戶口之數，依舊給京官職田。

夏四月乙卯，築京城外郭城，凡十月而功畢。壬戌，幸寧親公主第，即日還宮。乙丑，裴光庭兼吏部尚書。是春，命侍臣及百僚每旬暇日尋勝地讌樂，仍賜錢，令所司供帳造食。丁卯，侍臣已下讌于春明門外寧王憲之園池，上御花萼樓邀其迴騎，便令坐飲，遞起爲舞，頒賜有差。

五月，契丹衙官可突干殺其主李召固，率部落降于突厥，奚部落亦隨西叛。奚王李魯蘇來奔，召固妻東華公主陳氏及魯蘇妻東光公主韋氏並奔投平盧軍。制幽州長史趙含章率兵討之。

六月庚申，命左右丞相、尚書及中書門下五品已上官，舉才堪邊任及刺史者。甲子，彗星見于五車。癸酉，有星孛于畢、昴。丙子，命單于大都護、忠王浚爲河北道行軍元帥，御史大夫李朝隱、京兆尹裴伷先爲副，率十八總管以討契丹及奚等，事竟不行。壬午，東都瀍、洛泛漲，壞天津、永濟二橋及提象門外仗舍，損居人廬舍千餘家。

閏月甲申，分幽州置薊州。己丑，令范安及、韓朝宗就瀍、洛水源疏決，置門以節水勢。辛卯，禮部奏請千秋節休假三日，及村閭社會，並就千秋節先賽白帝，報田祖，然後坐飲，從之〔二九〕。秋七月庚辰，幸寧王憲第，即日還宮。

八月丁亥，上御花萼樓，以千秋節百官獻賀，賜四品已上金鏡、珠囊、縑綵，賜五品已下束帛有差。上賦八韻詩，又制秋景詩。辛亥，幸永穆公主宅，即日還宮。

九月，先是高戶捉官本錢；乙卯，御史大夫李朝隱奏請薄稅百姓一年租錢充，依舊高戶及典正等捉，隨月收利，供官人稅錢。冬十月，吐蕃遣其大臣名悉獵獻方物請降，許之。庚寅，幸岐州之鳳泉湯。癸卯，至自鳳泉湯。

十一月丁卯，幸新豐溫泉宮。

十二月戊子，豐州刺史袁振坐妖言下獄死。戊申，尚書左丞相、燕國公張說薨。是歲，百僚及華州父老累表請上尊號內請加「聖文」兩字，並封西嶽，不允。

十九年春正月壬戌，開府儀同三司、霍國公王毛仲貶爲瀼州別駕，中路賜死，黨與貶黜者十數人。辛卯，遣鴻臚卿崔琳入吐蕃報聘。丙子，親耕於興慶宮龍池。己卯，禁採捕鯉魚。天下州府春秋二時社及釋奠，停牲牢，唯用酒脯，永爲常式。

二月甲午，以崔琳爲御史大夫。

三月乙酉朔，崔琳使于吐蕃。

夏四月壬午，於京城置禮院。丙申，令兩京及天下諸州各置太公尚父廟，以張良配饗，春秋二時仲月上戊日祭之。

五月壬戌，五嶽各置老君廟。

六月乙酉，大風拔木。

秋八月辛巳，降天下死罪從流，徒已下悉原之。

九月辛未，吐蕃遣其國相論尙他硉來朝。

冬十月丙申，幸東都。

十一月丙辰，至自東都。甲子，太子少傅源乾曜薨。

十二月，巂州都督張審素以刦制使監察御史楊汪伏誅。

是冬，浚苑內洛水，六十餘日而罷。戊戌，裴光庭上瑤山往則、維城前軌各一卷，上令賜太子、諸王各一本。

二十年春正月乙卯，以禮部尙書、信安王禕率兵討契丹。丁巳，幸長芬公主宅；乙丑，幸薛王業宅；並卽日還宮。

二月己未，敕文武選人，承前例三月三十日爲例，然開選門，比團甲進官至夏來〔三〕。自今已後，選門並正月內開，團甲二月內訖。分命宰相錄京城諸獄繫囚。

三月，信安王禕與幽州長史趙含章大破奚、契丹於幽州之北山。

夏四月乙亥，讌百僚於上陽東州，醉者賜以牀褥，肩輿而歸，相屬于路。癸巳，改造天津橋，毁皇津橋，合爲一橋。

五月癸卯，寒食上墓，宜編入五禮，永爲恆式。辛亥，金仙長公主薨。戊辰，信安王獻奚、契丹之俘，上御應天門受之。

六月丁丑，單于大都護、河北東道行軍元帥、忠王浚加司徒，都護如故；副大使信安王禕加開府儀同三司。庚寅，幽州長史趙含章坐盜用庫物，左監門員外將軍楊元方受含章饋餉，並於朝堂決杖，流瀼州，皆賜死于路。其月，遣范安及於長安廣花萼樓，築夾城至芙蓉園。

秋七月戊辰，幸寧王憲宅，卽日還宮。

八月辛未朔，日有蝕之。己卯，戶部尚書王晙卒。

九月乙巳，中書令蕭嵩等奏上開元新禮一百五十卷，制所司行用之。渤海靺鞨寇登州，殺刺史韋俊，命左領軍將軍蓋福順發兵討之。

冬十月丙戌，命巡幸所至，有賢才未聞達者舉之。仍令中書門下疏決囚徒。辛卯，至潞州之飛龍宮，給復三年，兵募丁防先差未發者，令改出餘州。辛丑，至北都。癸丑，曲赦太原，給復三年。

十一月庚午，祀后土於脽上，大赦天下，左降官量移近處。內外文武官加一階，開元勳臣盡假紫及緋。大酺三日。

十二月壬申，至京師。

其年戶部計戶七百八十六萬一千二百三十六，口四千五百四十三萬一千二百六十五。

二十一年春正月庚子朔，制令士庶家藏老子一本，每年貢舉人量減尚書、論語兩條策，加老子策。乙巳，遷祔肅明皇后神主于廟，毀儀坤廟。丁巳，幸溫泉宮。己未，命工部尙書李暠使于吐蕃。癸亥，至自溫泉宮。

三月乙巳，侍中裴光庭薨。甲寅，尙書右丞韓休爲黃門侍郞、同中書門下平章事。

閏月，幽州道副總管郭英傑等討契丹，爲所敗於都山之下，英傑死之。

夏四月丁巳，以久旱，命太子少保陸象先、戶部尙書杜暹等七人往諸道宣慰賑給，及令黜陟官吏，疏決囚徒。丁酉，寧王憲爲太尉，薛王業爲司徒，慶王潭爲太子太師，忠王浚爲開府儀同三司，棣王洽爲太子少傅，鄂王涓爲太子太保。

五月甲申，皇太子納妃薛氏。制天下死罪降從流，流已下釋放。京文武官賜勳一轉。

秋七月乙丑朔，日有蝕之。

九月壬午，封皇子溢爲濟王，沔爲信王，泚爲義王，漼爲陳王，澄爲豐王，潓爲恆王，漎爲涼王，滔爲深王。

冬十月庚戌，幸温泉宫。

十一月戊子，尚書右丞相宋璟以年老請致仕，許之。

十二月丁未，兵部尚書、徐國公蕭嵩爲尚書右丞相，黄門侍郎韓休爲兵部尚書，並罷知政事。京兆尹裴耀卿爲黄門侍郎，前中書侍郎張九齡起復舊官，並同中書門下平章事。

是歲，關中久雨害稼，京師饑，詔出太倉米二百萬石給之。

二十二年春正月癸亥朔，制古聖帝明皇、嶽瀆海鎮用牲牢；餘並以酒酺充奠。己巳，幸東都。辛未，太府卿嚴挺之、戶部侍郎裴寬於河南存問賑給。乙酉，懷、衞、邢、相等五州乏糧，遣中書舍人裴敦復巡問，量給種子。己丑，至東都。

二月壬寅，秦州地震，廨宇及居人廬舍崩壞殆盡，壓死官吏以下四十餘人，殷殷有聲，仍連震不止。命尚書右丞相蕭嵩往祭山川，並遣使存問賑恤之，壓死之家給復一年，一家三人已上死者給復二年。辛亥，初置十道採訪處置使。徵恆州張果先生，授銀青光祿大夫，號曰通玄先生。

三月，沒京兆商人任令方資財六十餘萬貫。壬午，欲令不禁私鑄錢，遣公卿百僚詳議可否。衆以爲不可，遂止。

四月乙未，伊西、北庭且依舊爲節度。廢太廟署，以太常寺奉宗廟。庚子，唐州界淮勝州例立表，測候日晷影長短。乙巳，詔京都見禁囚徒，令中書門下及留守檢校覆降罪，天下諸州委刺史。丁未，眉州鼎皇山下江水中得寶鼎。甲寅，北庭都護劉渙謀反，伏誅。

五月戊子，黃門侍郎裴耀卿爲侍中，中書侍郎張九齡爲中書令，黃門侍郎李林甫爲禮部尚書、同中書門下平章事。關中大風拔木，同州尤甚。

是夏，上自於苑中種麥，率皇太子已下躬自收穫，謂太子等曰：「此將薦宗廟，是以躬親，亦欲令汝等知稼穡之難也。」因分賜侍臣，謂曰：「比歲令人巡檢苗稼，所對多不實，故自種植以觀其成；且春秋書麥禾，豈非古人所重也！」

六月乙未，遣左金吾將軍李佺於赤嶺與吐蕃分界立碑。

七月己巳，司徒、薛王業薨，追謚爲惠宣太子。甲申，遣中書令張九齡充河南開稻田使。

八月，先是駕至東都，遣侍中裴耀卿充江淮、河南轉運使，河口置輸場。壬寅，於輸場東置河陰縣。又遣張九齡於許、豫、陳、亳等州置水屯。

九月壬申，改饒樂都督府爲奉誠都督府。辛巳，移登州平海軍於海口安置。

冬十月甲辰，試司農卿陳思問以贓私配流瀼州。

十二月戊子朔，日有蝕之。乙巳，幽州長史張守珪發兵討契丹，斬其王屈烈及其大臣可突干於陣，傳首東都，餘叛奚皆散走山谷。立其酋長李過折爲契丹王。

是歲，突厥毗伽可汗死。斷京城乞兒。

二十三年春正月己亥，親耕籍田，上加至九推而止，卿已下終其畝。大赦天下。京文武官及朝集採訪使三品已下加一爵，四品已下加一階，外官賜勳一轉。其才有霸王之略、學究天人之際、及堪將帥牧宰者，令五品已上清官及刺史各舉一人。致仕官量與改職，依前致仕。賜酺三日。

三月丁卯，殿中侍御史楊萬頃爲讎人所殺。

夏五月戊寅，宗子請率月俸於興慶宮建龍池，上聖德頌。

秋七月丙子，皇太子鴻改名瑛，慶王直已下十四王並改名。又封皇子玼爲義王，珪爲陳王，珙爲豐王，琪爲恆王，璿爲涼王，璥爲汴王。其榮王琬已下並開府置官屬，各食實封二千戶。

八月戊子，制鰥寡惸獨免今年地稅之半，江淮已南有遭水處，本道使賑給之。

九月戊申，移泗州就臨淮縣置。

冬十月辛亥，移隸伊西、北庭都護屬四鎭節度。突騎施寇北庭及安西撥換城。
十一月壬申朔，日有蝕之。
十二月，新羅遣使朝獻。

二十四年春正月，吐蕃遣使獻方物。北庭都護蓋嘉運率兵擊突騎施，破之。
三月乙未，始移考功貢舉，遣禮部侍郎掌之。
夏六月丙午，京兆醴泉妖人劉志誠率衆爲亂，將趨京城，咸陽官吏燒便橋以斷其路，俄而散走，京兆府盡擒斬之。
是夏大熱，道路有暍死者。
秋七月庚子，太子太保陸象先卒。辛丑，李林甫爲兵部尚書，依舊知政事。己巳，初置壽星壇，祭老人星及角、亢等七宿。
八月戊申朔，加親舅小功服，舅母緦麻服，堂舅袒免。己亥，深王滔薨。
九月壬午，改尚書主爵曰司封。
冬十月戊申，車駕發東都，還西京。甲子，至華州，曲赦行在繫囚。丁丑，至自東都。
十一月壬寅，侍中裴耀卿爲尚書左丞相，中書令張九齡爲尚書右丞相，並罷知政事。

兵部尚書李林甫兼中書令，殿中監牛仙客兵部尚書、同中書門下三品。尚書右丞相蕭嵩爲太子太師，工部尚書韓休爲太子少保。

十二月戊申，太子太師、慶王琮爲司徒。丙寅，牛仙客知門下省事。

校勘記

〔一〕七百之祚方永　各本原作「七日之祥方永」，據唐大詔令集卷二改。

〔二〕戶部尚書　「戶」字各本原作「工」，據本書卷一〇六王琚傳、冊府卷一二八改。

〔三〕長史爲尹司馬爲少尹　「尹司馬爲」四字各本原無，據本書卷四四職官志、通鑑卷二一〇補。

〔四〕直諫昌言　「昌」字各本原無，據冊府卷一四四補。

〔五〕同俄特勤　「特勤」各本原誤作「特勤」。按特勤者，可汗子弟之稱謂，婁師德涼國公契苾明碑、唐玄宗闕特勤碑、柳公權神策軍碑均稱爲「特勤」，今據改。以下史文中，「特勤」誤爲「特勒」者，均予改正。

〔六〕至今春始　局本「始」下有「畢」字，十七史商榷卷七二云：「始下脫畢字。」

〔七〕以興慶里舊邸爲興慶宮　「興慶里舊邸爲」六字各本原無，據唐會要卷三〇、冊府卷一四補。

〔八〕五弩失畢　「弩」字各本原在「五」字上，據本書卷一九四上突厥傳互乙。

〔九〕跌跌思太　「跌」字各本原無，據本書卷一九四上突厥傳補。

〔一〇〕與右散騎常侍褚无量並充侍讀　「與右散騎常侍」六字各本原無，十七史商榷卷七二：「左散騎常侍下脫『與右散騎常侍』六字。」按通鑑卷二一一云：「以懷素爲左散騎常侍，使與右散騎常侍褚无量更日侍讀。」據補。

〔一一〕皇子敏薨　「皇」下各本原有「太」字，據本書卷一〇七懷哀王敏傳，敏未嘗爲皇太子，據删「太」字。

〔一二〕甘涼等州　「涼」字各本原作「源」，據通鑑卷二一二改。

〔一三〕太子太傅　「太傅」各本原作「少傅」，據本書卷九五惠文太子傳改。

〔一四〕爲多覽殺　突厥集史卷九云：「『爲多覽殺』乃『僞多覽殺』之訛。」

〔一五〕石神奴康鐵頭等據長泉縣　「等據長」三字各本原作「得豪貢」，據册府卷九八六改。

〔一六〕近無甲科　「甲科」各本原作「科甲」，據御覽卷一一一互乙。

〔一七〕集諸酋長　「集」字各本原作「討」，通鑑卷二一二作「集四夷酋長」，據改。

〔一八〕奚首領饒樂郡王李魯蘇　據本書卷一九九下契丹傳、通鑑卷二一二，此處當作「契丹首領松漠郡王李鬱于」。

〔一九〕知政宰輔淪屈者　册府卷一七三「宰輔」下有「有身無大故而亡官失封子孫」等十二字。

〔二〇〕外繼爲王 「外」字各本原作「相」，據葉校本改。

〔二一〕代宗頃 「代」字各本原作「大」，據御覽卷一一一改。

〔二二〕賜酺七日 各本原作「賜輔臣」，據御覽卷一一一改。

〔二三〕尚書右丞相 「相」字各本原無，據本卷上下文補。

〔二四〕突騎施 「突」下各本原有「厥」字，據本卷下文及通鑑卷二一三刪。

〔二五〕趙頤貞 「頤」字各本原作「歸」，據新書卷二〇〇趙冬曦傳、通鑑卷二一三改。

〔二六〕何遊魯叛 各本原作「何遊反魯叛」，葉校本作「何遊魯反叛」。十七史商榷卷七二云：「校本乙，愚謂當更衍『反』字。」據刪。通鑑卷二一三作「何遊魯反」。

〔二七〕曲子城 「曲」上各本原有「城」字，據冊府卷三五八、新書卷五玄宗紀、通鑑卷二一三刪。

〔二八〕五品已上清官父母亡者 「清官」各本原作「請」，據冊府卷八五改。

〔二九〕從之 各本原作「散之」，據冊府卷二改。

〔三〇〕承前例三月三十日爲例然開選門比團甲進官至夏來 唐會要卷七五作「承前三月三十日始畢，比團甲已至夏末。」

舊唐書卷九

本紀第九

玄宗下

開元二十五年春正月壬午，制：「朕猥集休運，多謝哲王，然而哀矜之情，小大必慎。自臨寰宇，子育黎烝，未嘗行極刑，起大獄。上玄降鑒，應以祥和，思協平邦之典，致之仁壽之域。自今有犯死刑，除十惡罪，宜令中書門下與法官詳所犯輕重，具狀奏聞。崇德尚齒，三代丕義；敦風勸俗，五教攸先。其曾任五品已上淸資官以禮去職者，所司具錄名奏，老疾不堪釐務者與致仕。道士、女冠宜隸宗正寺，僧尼令祠部檢校。百司每旬節休假，並不須入曹司，任遊勝爲樂。宣示中外，知朕意焉。」癸卯，道士尹愔爲諫議大夫、集賢學士兼知史館事。

二月，新羅王金興光卒，其子承慶嗣位，遣贊善大夫邢璹攝鴻臚少卿，往弔祭册立之。

壬子，加宗正丞一員。戊午，罷江淮運，停河北運。癸酉，張守珪破契丹餘衆於捺祿山，殺獲甚衆。

三月乙卯，河西節度使崔希逸自涼州南率衆入吐蕃界二千餘里。己亥，希逸至青海西郎佐素文子觜，與賊相遇，大破之，斬首二千餘級。

夏四月庚戌，陳、許、豫、壽四州開稻田。辛酉，監察御史周子諒上書忤旨，撲之殿庭，朝堂決杖死之。甲子，尚書右丞相張九齡以曾薦引子諒，左授荊州長史。乙丑，皇太子瑛、鄂王瑤、光王琚並廢爲庶人。太子妃兄駙馬都尉薛鏽長流瀼州，至藍田驛賜死。

六月壬戌，熒惑犯房，至心星越度而過。

秋七月己卯，大理少卿徐岵奏〔二〕：「天下今歲斷死刑五十八，幾致刑措，烏巢寺之獄。」上特推功元輔。庚辰，封李林甫爲晉國公，牛仙客爲豳國公。己卯，敕諸陵廟並隸宗正寺，其宗正寺官員，自今並以宗枝爲之。

九月壬申，頒新定令、式、格及事類一百三十卷於天下。

冬十月，制自今年每年立春日迎春於東郊，其夏及秋冬如常。以十二月朔日於正殿受朝，讀時令。

十一月壬申，幸温泉宮。丁丑，開府儀同三司、廣平郡公宋璟薨。

十二月丙午，惠妃武氏薨，追謚爲貞順皇后，葬於敬陵。吐蕃使其大臣屬盧論莽藏來朝貢。

二十六年春正月乙亥，工部尚書牛仙客爲侍中。丁丑，親迎氣于東郊，祀青帝。制天下繫囚，死罪流嶺南，餘並放免。鎮兵部還。京兆府新開稻田，並散給貧人。百官賜勳絹。長安、萬年兩縣各與本錢一千貫，收利供馹，仍付雜馹。天下州縣，每鄉一學，仍擇師資，令其教授。諸鄉貢每年令就國子監謁先師，明經加口試。內外八品已下及草澤有博學文辭之士，各委本司本州聞薦。

二月辛卯，以李林甫遙領隴右節度使。甲辰，禁大寒食以雞卵相饋送。庚申，葬貞順皇后于敬陵。乙卯，以牛仙客遙領河東道節度使。辛酉，廢仙州，分其屬縣隸許、汝等州。

三月己巳朔，減秘書省校書、正字官員。丙子，有星孛于紫微垣中，歷斗魁十餘日，因陰雲不見。己酉，河南、洛陽兩縣亦借本錢一千貫，收利充人吏課役。癸未，京兆地震。吐蕃寇河西，左散騎常侍崔希逸擊破之；鄯州都督杜希望又攻拔新羅城，制以其城爲威戎軍。

夏四月己亥朔，始令太常卿韋縚讀時令于宣政殿，百僚於殿上列坐而聽之。

五月乙酉，以李林甫遙領河西節度使，兼判梁州事。庚寅，幸咸宜公主宅。

六月庚子，立忠王璵爲皇太子。

秋七月己巳，册皇太子，大赦天下，常赦所不免者咸赦除之。內外文武官及五品已上爲父後者各賜勳一轉〔三〕。忠王府官及侍講加一階。賜酺三日。庚辰，分越州置明州。

九月丙申朔，日有蝕之。庚子，於舊六胡州地置宥州。益州長史王昱率兵攻吐蕃安戎城，爲賊所據，官軍大敗，昱棄甲而遁，兵士死者數千人。

冬十月戊寅，幸温泉宮。

是歲渤海靺鞨王大武藝死，其子欽茂嗣立，遣使弔祭册立之。

其冬，兩京建行宮，造殿宇各千餘間。潤州刺史齊澣開伊婁河於揚州南瓜洲浦。析左右羽林軍置左右龍武軍，以左右萬騎營隸焉。

二十七年春正月乙巳，大雨雪。

二月己巳，加尊號開元聖文神武皇帝，大赦天下，常赦所不免者咸赦除之，開元已來諸色痕瘕人咸從洗滌，左降官量移近處。百姓免今年租稅。三品已上賜爵一級，四品已上加一階。宗廟薦饗，自今已後並用宗子。賜酺五日。

夏四月丁丑，廢洮州隸蘭州，改臨州爲洮州。乙酉，太子少傅竇璡爲開府儀同三司，吏部尙書李暠爲太子少傅。丁酉，侍中牛仙客爲兵部尙書兼侍中；兵部尙書兼中書令李林甫爲吏部尙書，依舊兼中書令。以東宮內侍隸內侍省爲署。

五月癸卯，置龍武軍官員。先是，鄎國公主之子薛譓與其黨李談、崔洽、石如山同於京城殺人，或利其財，或違其志，即白日椎殺，煑而食之。其夏事發，皆決殺於京兆府門，譓以國親流瀼州，賜死於城東驛。

六月甲戌，內常侍牛仙童坐贓，決殺之。幽州節度使、兼御史大夫張守珪以賄貶爲括州刺史。太子太師、徐國公蕭嵩以嘗賂仙童，左授青州刺史。

秋七月辛丑，熒惑犯南斗。北庭都護蓋嘉運以輕騎襲破突騎施於碎葉城，殺蘇祿，威震西陲。

八月，吐蕃寇白草、安人等。甲申，制追贈孔宣父爲文宣王，顏回爲兗國公，餘十哲皆爲侯，夾坐。後嗣褒聖侯改封爲文宣公。

九月，皇太子改名紹。汴州刺史齊澣請開汴河下流，自虹縣至淮陰北合于淮〔三〕，逾時而功畢。因棄沙壅舊路，行者弊之，尋而新河之水勢淙急，遂塡塞矣。前刑部尙書致仕崔隱甫卒〔四〕。

冬十月，將改作明堂。譌言官取小兒埋於明堂之下，以爲厭勝。村野童兒藏於山谷，都城騷然，咸言兵至。上惡之，遣主客郎中王佶往東都及諸州宣慰百姓，久之定。

冬十月，毀東都明堂之上層，改拆下層爲乾元殿。戊戌，幸温泉宮。辛丑，至自温泉宮。

十二月，東都副留守、太子賓客崔沔卒。以益州司馬章仇兼瓊權劍南節度等使。

是歲，蓋嘉運大破突騎施之衆，擒其王吐火仙，送于京師。

二十八年春正月，兩京路及城中苑內種果樹。癸巳，幸温泉宮。庚子，至自温泉宮。壬寅，以望日御勤政樓讌羣臣，連夜燒燈，會大雪而罷，因命自今常以二月望日夜爲之。

三月丁亥朔，日有蝕之。壬子，權判益州長史章仇兼瓊拔吐蕃安戎城，分兵鎭守之。

夏五月乙未，太子少師韓休、太子少傅李暠卒。

六月，懷州刺史、信安王禕爲太子少師。庚寅，太子賓客李尙隱卒。

秋七月壬寅，追尊宣皇帝陵名曰建初，光皇帝陵名曰啓運，仍置官員。

九月，魏州刺史盧暉開通濟渠，自石灰窠引流至州城而西，郤注魏橋〔五〕。九月庚寅，封皇孫俶等十九人爲郡王。

冬十月甲子，幸温泉宫。辛巳，至自温泉宫。乙酉夜，東都新殿後佛光寺災。吐蕃寇安戎城。

十一月，牛仙客停遙兼朔方、河東節度使。

十二月乙卯，突騎施酋長莫賀達干率衆內屬。己未，禮部尚書杜暹卒。

是歲，金城公主薨，吐蕃遣使來告喪。其時頻歲豐稔，京師米斛不滿二百，天下乂安，雖行萬里不持兵刃。

二十九年春正月丁丑，制兩京、諸州各置玄元皇帝廟并崇玄學，置生徒，令習老子、莊子、列子、文子，每年准明經例考試。內外官有伯叔兄弟子姪堪任刺史、縣令，所司親自保薦。禁九品已下清資官置客舍邸店車坊、士庶厚葬〔六〕。

三月，吐蕃、突厥各遣使來朝。丙午，風霾，日色無影。

夏四月庚戌朔。丙辰，以太原裴伷先爲工部尚書。韋虛心卒。親王已下及內外官各賜錢令讌樂。壬午，以左右金吾大將軍裴寬爲太原尹、北都留守。

秋七月乙卯，洛水汎漲，毀天津橋及上陽宮仗舍。洛、渭之間，廬舍壞，溺死者千餘人。突厥登利可汗死。北州刺史王斛斯爲幽州節度使；幽州節度副使安祿山爲營州刺史，充平盧軍節度副使，押兩番、渤海、黑水四府經略使。

九月，大雨雪，稻禾偃折，又霖雨月餘，道途阻滯。是秋，河北博、洺等二十四州言雨水害稼，命御史中丞張倚往東都及河北賑恤之。壬申，御興慶門，試明四子人姚子產、元載等。

冬十月丙申，幸温泉宮。戊戌，分遣大理卿崔翹等八人往諸道黜陟官吏。十一月庚戌，司空、邠王守禮薨。辛酉，至自温泉宮。己巳，雨木冰，凝寒凍冽，數日不解。辛未，太尉、寧王憲薨，諡爲讓皇帝，葬于惠陵。

十二月丁酉，吐蕃入寇，陷廓州達化縣及振武軍石堡城，節度使蓋嘉運不能守。女國王趙曳夫及佛逝國王、日南國王遣其子來朝獻。

天寶元年春正月丁未朔，大赦天下，改元，常赦不原咸赦除之。百姓所欠負租稅及諸色並免之。前資官及白身人有儒學博通、文辭秀逸及軍謀武藝者〔七〕，所在具以名薦。京文武官才堪爲刺史者各令封狀自舉。改黃鉞爲金鉞。內外官各賜勳兩轉。甲寅，陳王府參軍田同秀上言：「玄元皇帝降見于丹鳳門之通衢，告賜靈符在尹喜之故宅。」上遣使就函谷故關尹喜臺西發得之，乃置玄元廟於大寧坊。陝郡太守李齊物先鑿三門，辛未，渠成放流。

二月丁亥，上加尊號爲開元天寶聖文神武皇帝。辛卯，親享玄元皇帝于新廟。甲午，親享太廟。丙申，合祭天地于南郊。制天下囚徒，罪無輕重並釋放。流人移近處，左降官依資敍用，身死貶處者量加追贈。枉法贓十五疋當絞，今加至二十疋。莊子號爲南華眞人，文子號爲通玄眞人，列子號爲沖虛眞人，庚桑子號爲洞虛眞人。其四子所著書改爲眞經。崇玄學置博士、助教各一員，學生一百人。桃林縣改爲靈寶縣。改侍中爲左相，中書令爲右相，左右丞相依舊爲僕射，又黃門侍郎爲門下侍郎。東都爲東京，北都爲北京，天下諸州改爲郡，刺史改爲太守。陝州河北縣爲平陸縣。老幼版授〔八〕，文武官三品已上加一爵，四品已下加一階。庚子，平盧節度使安祿山進階驃騎大將軍。

夏六月庚寅，武功山水暴漲，壞人廬舍，溺死數百人。

秋七月癸卯朔，日有蝕之。辛未，左相、豳國公牛仙客卒。

八月丁丑，刑部尚書、兼御史大夫李適之爲左相。丁亥，突厥阿布思及默啜可汗之孫、登利可汗之女相與率其黨屬來降。壬辰，吏部尚書兼右相李林甫加尚書左僕射，左相李適之兼兵部尚書，左僕射裴耀卿爲尚書右僕射。

九月辛卯，上御花萼樓，出宮女讌毗伽可汗妻可登及男女等，賞賜不可勝紀。丙寅，改天下縣名不穩及重名一百一十處。兩京玄元廟改爲太上玄元皇帝宮，天下准此。

冬十月丁酉，幸温泉宮。辛丑，改驪山爲會昌山，仍於秦坑儒之所立祠宇，以祀遭難諸儒。新成長生殿名曰集靈臺，以祀天神。

十一月己巳，至自温泉宮。

是歲，命陝郡太守韋堅引滻水開廣運潭於望春亭之東，以通河、渭；京兆尹韓朝宗又分渭水入自金光門，置潭於西市之兩衙，以貯材木。

是多無冰。

其年，天下郡府三百六十二，縣一千五百二十八，鄉一萬六千八百二十九。戶部進計帳，今年管戶八百五十二萬五千七百六十三，口四千八百九十萬九千八百。

二年春正月丙辰，追尊玄元皇帝爲大聖祖玄元皇帝，兩京崇玄學改爲崇玄館，博士爲學士。

三月壬子，親祀玄元廟以册尊號。制追尊聖祖玄元皇帝父周上御史大夫敬曰先天太上皇，母益壽氏號先天太后，仍於譙郡本鄉置廟。尊咎繇爲德明皇帝。改西京玄元廟爲太清宮，東京爲太微宮，天下諸郡爲紫極宮。韋堅開廣運潭畢功〔九〕，盛陳舟艦。丙寅，上幸廣運樓以觀之，卽日還宮。

夏六月甲戌夜，雷震東京應天門觀災，延燒至左、右延福門，經日不滅。七月癸丑，致仕禮部尙書王丘卒。丙辰，尙書右僕射裴耀卿薨。九月，太子少保崔琳卒。辛酉，譙郡紫極宮改爲太淸宮〔一〇〕。冬十月戊辰，太子太保、信安王禕卒。戊寅，幸温泉宮。十一月乙卯，至自温泉宮。十二月己亥，東京應天門改爲乾元門。戊申，幸温泉宮。丙辰，至自温泉宮。十二月乙酉，太子賓客賀知章請度爲道士還鄉。

是冬無雪。

三載正月丙辰朔，改年爲載。赦見禁囚徒。庚子，遣左右相已下祖别賀知章於長樂坡，上賦詩贈之。壬寅，幸温泉宮。

二月己巳，還京。丁丑，封讓皇帝男琳爲嗣寧王，故邠王守禮男承寧爲嗣邠王，讓帝男璹爲嗣申王，惠宣太子男珍爲嗣岐王，瑱爲嗣薛王。庚寅，皇太子紹改名亨。是月，河南尹裴敦復卒〔一一〕。

閏月辛亥，有星如月，墜於東南，墜後有聲。京師譌言官遣棖捕人肝以祭天狗。人相恐，畿縣尤甚，發使安之。

三月庚午，武威郡上言：番禾縣天寶山有醴泉湧出，嶺石化爲瑞麪，遠近貧乏者取以給食。改番禾爲天寶縣。癸酉，制天下見禁囚徒死罪降流，流已下並原之。

夏四月，南海太守劉巨鱗擊破海賊吳令光，永嘉郡平。敕兩京、天下州郡取官物鑄金銅天尊及佛各一軀，送開元觀、開元寺。

五月戊寅，長安令柳升坐贓，於朝堂決殺之。

秋八月丙午，九姓拔悉密葉護攻殺突厥烏蘇米施可汗，傳首京師。庚申，內外文武官六品已下自今已後，赴任之後，計載終滿二百日已上，許其成考。

冬十月癸巳，幸温泉宮。丁未，改史國爲來威國。

十一月癸卯，還京。癸丑，每載依舊取正月十四日、十五日、十六日開坊市門燃燈，永以爲常式。玉眞公主先爲女道士，讓號及實封，賜名持盈。

十二月甲午，分新豐縣置會昌縣。甲寅，親祀九宮貴神於東郊，禮畢，大赦天下。百姓十八已上爲中男，二十三已上成丁。每歲庸調，八月起徵，可延至九月。詔天下民間家藏孝經一本。

四載春三月甲申，宴羣臣於勤政樓。壬申，封外孫獨孤氏女爲靜樂公主，出降契丹松漠都督李懷節；封外孫楊氏女爲宜芳公主，出降奚饒樂都督李延寵。

秋八月甲辰，册太眞妃楊氏爲貴妃。是月，河南睢陽、淮陽、譙等八郡大水。

九月，契丹及奚酋長各殺公主，舉部落叛。隴右節度使皇甫惟明與吐蕃戰于石堡城，官軍不利，副將褚直廉等死之。

冬十月，於單于都護府置金河縣，安北都護府置陰山縣。丁酉，幸温泉宮。壬子，以會昌縣爲同京縣。

十二月戊戌，還京。

五載春正月癸酉，刑部尙書韋堅貶括蒼太守；隴右節度使皇甫惟明貶播川太守，尋決死於黔中。乙亥，敕大小縣令並准畿官吏三選聽集。禮記月令改爲時令。封中嶽爲中天王，南嶽爲司天王，北嶽爲安天王。天下山水，名稱或同，義且不經，多因於里諺，宜令所司各據圖籍改定。丙子，遣禮部尙書席豫、左丞崔翹、御史中丞王鉷等七人分行天下，黜陟官吏。

夏四月庚寅，左相、渭源伯李適之爲太子少保，罷知政事。丁酉，門下侍郎陳希烈同中書門下平章事。

五月庚申，敕今後每至旬節休假，中書門下文武百僚不須入朝，外官不須衙集。癸卯，停郡縣差丁白直課錢。

六月，敕三伏内令宰相辰時還宅。

秋七月丙子，韋堅爲李林甫所構，配流臨封郡，賜死。堅妹皇太子妃聽離，堅外甥嗣薛王瑣貶夷陵郡别駕，女壻巴陵太守盧幼臨長流合浦郡。太子少保李適之貶宜春太守，到任，飲藥死。

八月，以戶部侍郎郭虚己爲御史大夫、劍南節度使。

九月壬子，於太清宫刻石爲李林甫、陳希烈像，侍於聖容之側。

冬十月丁酉，幸温泉宫。改臨淄郡爲濟南郡。

十一月己巳，還京。

十二月辛未，贊善大夫杜有隣、著作郎王曾、左驍衞兵曹柳勣等爲李林甫所構，並下獄死。

六載正月辛巳朔，北海太守李邕、淄川太守裴敦復並以事連王曾、柳勣，遣使就殺之。丁亥，親享太廟。戊子，親祀圜丘，禮畢，大赦天下，除絞、斬刑，但決重杖。於京城置三皇、五帝廟，以時享祭。其章懷、節愍、惠莊、惠文、惠宣等太子，宜與隱太子、懿德太子同爲一廟。每日立仗食及設仗於庭，此後並宜停廢。五嶽既已封王，四瀆當昇公位，封河瀆爲靈源公，濟瀆爲清源公，江瀆爲廣源公，淮瀆爲長源公。

三月戊戌，南海太守彭果坐贓，決杖，長流溱溪郡，死于路。

夏四月戊午，門下侍郎陳希烈爲左相兼兵部尚書。癸酉，復置軍器監。

自五月不雨至秋七月。乙酉，以旱，命宰相、臺寺、府縣錄繫囚，死罪決杖配流，徒已下特免。庚寅始雨。

冬十月戊申，幸温泉宮，改爲華清宮。

十一月乙亥，戶部侍郎楊愼矜及兄少府少監愼餘與弟洛陽令愼名，並爲李林甫及御史中丞王鉷所構，下獄死。

十二月丙辰，工部尚書陸景融卒。壬戌，還京。

七載春正月己卯，禮部尚書席豫卒。己亥，韋縚奏御案褥袱帷等望去紫用赤黃，從之。

三月乙酉，大同殿柱產玉芝，有神光照殿。羣臣請加皇帝尊號曰開元天寶聖文神武應道，許之。

夏四月辛丑，以高力士爲驃騎大將軍。

五月壬午，上御興慶宮，受册徽號，大赦天下，百姓免來載租庸。三皇以前帝王，京城置廟，以時致祭。其歷代帝王肇跡之處未有祠宇者，所在各置一廟。忠臣、義士、孝婦、烈女德行彌高者，亦置祠宇致祭。賜酺三日。

六月，范陽節度使安祿山賜實封及鐵券。

秋八月己亥朔，改千秋節爲天長節。壬子，改萬年縣爲咸寧縣。

冬十月庚午，幸華清宮，封貴妃姊二人爲韓國、虢國夫人。

十二月戊戌，言玄元皇帝見于華清宮之朝元閣，乃改爲降聖閣。改會昌縣爲昭應縣，會昌山爲昭應山；封山神爲玄德公，仍立祠宇。辛酉，還京。

八載春正月甲申，賜京官絹，備春時遊賞。

二月戊申，引百官於左藏庫縱觀錢幣，賜絹而歸。

三月，朔方節度使張齊丘於中受降城北築橫塞城〔三〕。

夏四月，咸寧太守趙奉璋決杖而死，著作郎韋子春貶端溪尉，李林甫陷之也。幸華清宮觀風樓。

五月辛巳，於開遠門外作振旅亭。戊子，南海太守劉巨鱗坐贓，決死之。

六月，大同殿又產玉芝一莖。隴右節度使哥舒翰攻吐蕃石堡城，拔之。

閏月己丑，改石堡城爲神武軍。劍南索磨川新置都護府，宜以保寧爲名。丙寅，上親謁太清宮，册聖祖玄元皇帝尊號爲聖祖大道玄元皇帝。高祖、太宗、高宗、中宗、睿宗五帝，皆加「大聖皇帝」之字；太穆、文德、則天、和思、昭成皇后，皆加「順聖皇后」之字。羣臣上皇帝尊號爲開元天地大寶聖文神武應道皇帝〔三〕。丁卯，上御含元殿受册，大赦天下。自今後每至禘祫，並於太清宮聖祖前序昭穆。初，太白山人李渾言太白山金星洞有帝福壽玉版石記，求得之，乃封太白山爲神應公，金星洞爲嘉祥公，所管華陽縣爲貞符縣。戊辰，太子太師、徐國公蕭嵩薨。丁亥，南衙立仗馬宜停，省進馬官。

秋八月戊子，郡別駕宜停，下郡置長史。

冬十月丙寅，幸華清宮。

十一月丁巳，幸御史中丞楊釗莊。

九載春正月庚寅朔，與歲次同始，受朝於華清宮。己亥，還京。庚戌，羣臣請封西嶽，從之。

二月壬午，御史中丞宋渾坐贓及姦，長流高要郡。

三月庚戌，改匭使爲獻納。辛亥，西嶽廟災。時久旱，制停封西嶽。

夏五月庚寅，以旱，錄囚徒。乙卯，安祿山進封東平郡王。節度使封王，自此始也。

秋七月己亥，國子監置廣文館，領生徒爲進士業者。

九月乙卯，處士崔昌上五行應運曆，以國家合承周、漢，請廢周、隋不合爲二王後。

冬十一月庚寅，幸華清宮。己丑，制自今告獻太清宮及太廟改爲朝獻，巡陵爲朝拜，告宗廟爲奏，天地享祀文改昭告爲昭薦，以告者臨下之義故也。辛卯，幸楊國忠亭子。辛丑，立周武王、漢高祖廟於京城，司置官吏。

十二月乙亥，還京。

十載春正月乙酉朔。壬辰，朝獻太清宮。癸巳，朝饗太廟。甲午，有事于南郊，合祭天地，禮畢，大赦天下。太廟置內官，供灑掃諸陵廟。己亥，改傳國寶爲承天大寶。丁未，李林甫領安北副大都護、朔方節度使。庚戌，大風，陝郡運船失火，燒米船二百餘隻，人死者五百計。癸丑，分遣嗣吳王祇等十三人祭嶽瀆海鎮。

二月丁巳，安祿山兼雲中太守、河東節度使。

夏四月，劍南節度使鮮于仲通將兵六萬討雲南，與雲南王閤羅鳳戰于瀘川，官軍大敗，死於瀘水者不可勝數。

五月丁亥，改諸衞幡旗緋色者爲赤黃，以符土運。

秋八月乙卯，廣陵郡大風，潮水覆船數千艘。丙辰，京城武庫災，燒器械四十七萬事。是秋，霖雨積旬，牆屋多壞，西京尤甚。

冬十月辛亥，幸華清宮。

十一月乙未，幸楊國忠宅。丙午，兵部侍郎、兼御史中丞楊國忠兼領劍南節度使。

十一載春正月辛亥，還京。

二月癸酉，禁惡錢，官出好錢以易之。既而商旅不便，訴於國忠，乃止之。

三月，朔方節度副使、奉信王阿布思與安祿山同討契丹，布思與祿山不協，乃率其部下叛歸漠北。丙午，制今後每月朔望，宜令薦食於太廟，每室一牙盤，仍五日一開室門灑掃。改吏部爲文部，兵部爲武部，刑部爲憲部，其部內諸司有部字者並改，將作大匠、少匠爲大、少二監。

夏四月，御史大夫兼京兆尹王鉷賜死，坐弟銲與兇人邢縡謀逆故也。楊國忠兼京兆尹。

五月戊申，慶王琮薨，贈靖德太子。

六月戊子，東京大風，拔樹發屋。

八月己丑，幸左藏庫，賜羣臣帛有差。

九月甲寅，改諸衞士爲武士。

冬十月戊寅，幸華淸宮。

十一月乙卯，尙書左僕射兼右相、晉國公李林甫薨於行在所。庚申，御史大夫兼蜀郡長史楊國忠爲右相兼文部尙書。

十二月甲戌，楊國忠奏請兩京選人銓日便定留放，無長名。己亥，還京。

十二載春正月壬子，楊國忠於尙書省注官，注訖，於都堂對左相與諸司長官唱名。

二月庚辰，選人鄭愬等二十餘人以國忠銓注無滯，設齋於勤政殿下，立碑於尙書省門。

癸未，追削故右相李林甫在身官爵，男將作監岫、宗黨李復道等五十人皆流貶，國忠誣奏林甫陰結叛胡阿布思故也。

夏五月乙酉，以魏、周、隋依舊爲三恪及二王後，復封韓、介、酅等公。辛亥，太廟諸陵署依舊隸太常寺。

七月壬子，天下齊人不得鄉貢，須補國子學生然後貢舉。

八月，京城霖雨，米貴，令出太倉米十萬石，減價糶與貧人。仍令中書門下就京兆、大理疏決囚徒。

九月己亥朔，隴右節度使、涼國公哥舒翰進封西平郡王，食實封五百戶。

冬十月戊申，幸華清宮。和雇京城丁戶一萬三千人築興慶宮牆，起樓觀。

至十二月，改橫塞城爲天德軍。庚寅，行從官憲部尚書張均等請上尊號爲開元天地大寶聖文神武孝德證道皇帝。

十三載春正月丁酉朔，上御華清宮之觀風樓，受朝賀。己亥，安慶緒獻俘于行在，帝引見於禁中，賞賜鉅萬。乙巳，加安祿山尙書左僕射，賜實封千戶，奴婢十房，莊、宅各一區；又加閑廄、五坊、宮苑、隴右羣牧都使，以武部侍郎吉温爲副。丙午，還京。

二月癸酉，上親朝獻太淸宮，上玄元皇帝尊號曰大聖祖高上大道金闕玄元天皇大帝。

甲戌，親饗太廟，上高祖諡曰神堯大聖大光孝皇帝，太宗諡曰太宗文武大聖大廣孝皇帝，高宗諡曰高宗天皇大聖大弘孝皇帝，中宗諡曰中宗太和大聖大昭孝皇帝，睿宗諡曰睿宗玄眞大聖大興孝皇帝。乙亥，御興慶殿受徽號，禮畢，大赦天下。左降官遭父母憂，放歸。獻陵等五署改爲臺，令丞各升一階。文武三品已上賜爵一級，四品已下加一階。賜酺三日。戊寅，右相兼文部尚書楊國忠守司空，餘如故。甲申，司空楊國忠受册，天雨黃土，霑於朝服。祿山奏前後討契丹立功將士跳盪等，請超三資，告身仍望好寫；於是超授將軍者五百餘人，中郎將者二千餘人。

三月丁酉，太常卿張垍貶盧溪郡司馬，垍兄憲部尚書均貶建安太守。丙午，御躍龍殿門張樂宴羣臣，賜右相絹一千五百疋，綵羅三百疋，綵綾五百疋；左相絹三百疋，綵羅綾各五十疋；餘三品八十疋，四品五品六十疋，六品七品四十疋，極歡而罷。壬戌，御勤政樓大酺。北庭都護程千里生擒阿布思獻于樓下，斬之於朱雀街。乙丑，左羽林上將軍封常清權北庭都護、伊西節度使。萬春公主出降楊朏。

夏五月，熒惑守心五十餘日。

六月乙丑朔，日有蝕之，不盡如鈎。侍御史、劍南留後李宓率兵擊雲南蠻於西洱河，糧盡軍旋，馬足陷橋，爲閤羅鳳所擒，舉軍皆沒。廢濟陽郡，以所領五縣隸東平郡。

秋八月丁亥，以久雨，左相、許國公陳希烈爲太子太師，罷知政事；文部侍郎韋見素爲武部尚書，同中書門下平章事。

是秋，霖雨積六十餘日，京城垣屋頹壞殆盡，物價暴貴，人多乏食，令出太倉米一百萬石，開十場賤糶以濟貧民。東都瀍、洛暴漲，漂沒一十九坊。上御勤政樓試四科制舉人，策外加詩賦各一首。制舉加詩賦，自此始也。

冬十月壬寅，幸華淸宮。貶河東太守韋陟爲桂嶺尉，武部侍郎吉温爲澧陽郡長史。乙巳，開府儀同三司、畢國公竇珒薨。戊午，還京。

其載，戶部計今年見管州縣戶口：管郡總三百二十一，縣一千五百三十八，鄉一萬六千八百二十九；戶九百六十一萬九千二百五十四，三百八十八萬六千五百四不課，五百三十萬一千四十四課；口五千二百八十八萬四百八十八，四千五百二十一萬八千四百八十不課，七百六十六萬二千八百課。

十四載春三月丙寅，宴羣臣於勤政樓，奏九部樂，上賦詩敩柏梁體。癸未，遣給事中裴士淹等巡撫河南、河北、淮南等道。

八月壬辰，上親錄囚徒。

冬十月壬辰，幸華清宮。甲午，頒御注老子并義疏於天下。

十一月戊午朔，始寧太守羅希奭以停止張博濟決杖而死，吉温自縊於獄。丙寅，范陽節度使安祿山率蕃、漢之兵十餘萬，自幽州南向詣闕，以誅楊國忠爲名，先殺太原尹楊光翽於博陵郡。壬申，聞於行在所。癸酉，以郭子儀爲靈武太守、朔方節度使。封常清自安西入奏，至行在。甲戌，以常清爲范陽、平盧節度使，兼御史大夫，令募兵三萬以禦逆胡。戊寅，還京。以羽林大將軍王承業爲太原尹，以衞尉卿張介然爲陳留太守、河南節度採訪使，以金吾將軍程千里爲潞州長史，並令討賊。甲申，以京兆牧、榮王琬爲元帥，命高仙芝副之，於京城召募，號曰天武軍，其衆十萬。丙戌，高仙芝等進軍，上御勤政樓送之。

十二月丙戌朔，祿山於靈昌郡渡河。辛卯，陷陳留郡，殺張介然。甲午，陷滎陽郡，殺太守崔無詖。丙申，封常清與賊戰于成皋罌子谷，官軍敗績，常清奔於陝郡。丁酉，祿山陷東京，殺留守李憕、中丞盧奕、判官蔣清。時高仙芝鎮陝郡，棄城西保潼關。常山太守顏杲卿與長史袁履謙、賈深等殺賊將李欽湊，執賊將何千年、高邈送京師。辛丑，詔皇太子統兵東討。以永王璘爲山南節度使，以江陵長史源洧副之；潁王璬爲劍南節度使，以蜀郡長史崔圓副之。二王不出閤。丙午，斬封常清、高仙芝于潼關，以哥舒翰爲太子先鋒兵馬元帥，領河、隴兵募守潼關以拒之。辛亥，榮王琬薨，贈靖恭太子。

十五載春正月乙卯，御宣政殿受朝。其日，祿山僭號於東京。庚申，以李光弼爲雲中太守、河東節度使。壬戌，賊將蔡希德陷常山郡，執太守顏杲卿、長史袁履謙，殺民吏萬餘，城中流血。甲子，哥舒翰進位尚書左僕射、同中書門下平章事。乙丑，賊將安慶緒犯潼關，哥舒翰擊退之。乙巳，加平原太守顏眞卿戶部侍郎，獎守城也。

二月丙戌，李光弼、郭子儀將兵東出井陘，與賊將史思明戰，大破之，進取郡縣十餘。丙辰，誅工部尚書安思順。

三月壬午朔，以河東節度使李光弼爲御史大夫、范陽節度使。乙酉，以平原太守顏眞卿爲河北採訪使。己亥，改常山郡爲平山郡，房山縣爲平山縣，鹿泉縣爲獲鹿縣，鹿成縣爲束鹿縣。

夏四月丙午，以贊善大夫來瑱爲潁川太守、招討使。

五月戊午，南陽太守魯炅與賊將武令珣戰于滍水上，官軍大敗，爲賊所虜，進寇我南陽。詔嗣虢王巨自藍田出師救南陽。

六月癸未朔，顏眞卿破賊將袁知泰於堂邑，北海太守賀蘭進明收信都。庚寅，哥舒翰將兵八萬與賊將崔乾祐戰于靈寶西原，官軍大敗，死者十六七。其日，李光弼與賊將史思明戰于常山東嘉山，大破之，斬獲數萬計。辛卯，哥舒翰至潼關，爲其帳下火拔歸仁以左右數十騎執之降賊，關門不守，京師大駭，河東、華陰、上洛等郡皆委城而走。

甲午，將謀幸蜀，乃下詔親征，仗下後〔四〕，士庶恐駭，奔走于路。乙未，凌晨，自延秋門出，微雨霑濕，扈從惟宰相楊國忠韋見素、內侍高力士及太子、親王，妃主、皇孫已下多從之不及。平明渡便橋，國忠欲斷橋。上曰：「後來者何以能濟？」命緩之。辰時，至咸陽望賢驛置頓，官吏駭散，無復儲供。上憩於宮門之樹下，亭午未進食。俄有父老獻麨，上謂之曰：「如何得飯？」於是百姓獻食相繼。俄又尚食持御膳至，上頒給從官而後食。是夕次金城縣，官吏已遁，令魏方進男允招誘，俄得智藏寺僧進芻粟，行從方給。

丙辰，次馬嵬驛，諸衞頓軍不進。龍武大將軍陳玄禮奏曰：「逆胡指闕，以誅國忠爲名，然中外羣情，不無嫌怨。今國步艱阻，乘輿震蕩，陛下宜徇羣情，爲社稷大計，國忠之徒，可置之于法。」會吐蕃使二十一人遮國忠告訴於驛門，衆呼曰：「楊國忠連蕃人謀逆！」兵士圍驛四合，及誅楊國忠、魏方進一族〔五〕，兵猶未解。上令高力士詰之，迴奏曰：「諸將既誅國忠，以貴妃在宮，人情恐懼。」上卽命力士賜貴妃自盡。玄禮等見上請罪，命釋之。

丁酉，將發馬嵬驛，朝臣唯韋見素一人，乃命見素子京兆府司錄諤爲御史中丞，充置頓使。議其所向，軍士或言河、隴，或言靈武、太原，或言還京爲便。韋諤曰：「還京，須有捍賊之備，兵馬未集，恐非萬全，不如且幸扶風，徐圖所向。」上詢于衆，咸以爲然。及行，百姓遮路乞留皇太子，願勠力破賊，收復京城，因留太子。

戊戌，次扶風縣。己亥，次扶風郡。軍士各懷去就，咸出醜言，陳玄禮不能制。會益州貢春綵十萬匹，上悉命置于庭，召諸將諭之曰：「卿等國家功臣，陳力久矣，朕之優奬，常亦不輕。逆胡背恩，事須迴避。甚知卿等不得別父母妻子，朕亦不及親辭九廟。」言發涕流。又曰：「朕須幸蜀，路險狹，人若多往，恐難供承。今有此綵，卿等卽宜分取，各圖去就。朕自有子弟中官相隨，便與卿等訣別。」衆咸俯伏涕泣曰：「死生願從陛下。」上曰：「去住任卿。」自此悖亂之言稍息。

庚子，以司勳郎中、劍南節度留後崔圓爲蜀郡長史、劍南節度副大使。以潁王璬爲劍南節度大使，以監察御史宋若思爲御史中丞充置頓使，韋諤充巡閣道使，並令先發。辛丑，發扶風郡，是夕，次陳倉。壬寅，次散關。分部下爲六軍，潁王璬先行，壽王瑁等分統六軍，前後左右相次。丙午，次河池郡，崔圓奏劍南歲稔民安，儲供無闕，上大悅，授圓中書侍郎、同中書門下平章事，蜀郡長史、劍南節度如故。以前華州刺史魏犀爲梁州長史。

秋七月癸丑朔。壬戌，次益昌縣，渡吉柏江，有雙魚夾舟而躍，議者以爲龍。甲子，次普安郡，憲部侍郎房琯自後至，上與語甚悅，卽日拜爲吏部尙書、同中書門下平章事。丁卯，詔以皇太子諱充天下兵馬元帥，都統朔方、河東、河北、平盧等節度兵馬，收復兩京；永王璘江陵府都督，統山南東路、黔中、江南西路等節度大使；盛王琦廣陵郡大都督，統江南東路、淮南、河南等路節度大使；豐王珙武威郡都督，領河西、隴右、安西、北庭等路節度大使。初，京師陷賊，車駕倉皇出幸，人未知所向，衆心震駭，及聞是詔，遠近相慶，咸思効忠於興復。庚午，次巴西郡，太守崔渙奉迎。即日以渙爲門下侍郎、同中書門下平章事。以韋見素爲左相。庚辰，車駕至蜀郡，扈從官吏軍士到者一千三百人，宮女二十四人而已。

八月癸未朔，御蜀都府衙，宣詔曰：「朕以薄德，嗣守神器，每乾乾惕厲，勤念生靈，一物失所，無忘罪己。聿來四紀，人亦小康，推心于人，不疑于物。而姦臣兇豎，棄義背恩，割剝黎元，擾亂區夏，皆朕不明之過也。今巡撫巴蜀，訓厲師徒，仍令太子諸王蒐兵重鎮，誅夷兇醜，以謝昊穹；思與羣臣重弘理道，可大赦天下。」癸巳，靈武使至，始知皇太子即位。丁酉，上用靈武册稱上皇，詔稱誥。己亥，上皇臨軒册肅宗，命宰臣韋見素、房琯使靈武，册命曰：「朕稱太上皇，軍國大事先取皇帝處分，後奏朕知。俟克復兩京，朕當怡神姑射，偃息大庭。」

明年九月，郭子儀收復兩京。十月，肅宗遣中使啖廷瑤入蜀奉迎。丁卯，上皇發蜀郡。

十一月丙申，次鳳翔郡。肅宗遣精騎三千至扶風迎衛。十二月丙午，肅宗具法駕至咸陽望賢驛迎奉。上皇御宮之南樓，肅宗拜慶樓下，嗚咽流涕不自勝，爲上皇徒步控轡，上皇撫背止之，卽騎馬前導。丁未，至京師，文武百僚、京城士庶夾道歡呼，靡不流涕。卽日御大明宮之含元殿，見百僚，上皇親自撫問，人人感咽。時太廟爲賊所焚，權移神主於大內長安殿，上皇謁廟請罪，遂幸興慶宮。

三載二月，肅宗與羣臣奉上皇尊號曰太上至道聖皇帝。乾元三年七月丁未，移幸西內之甘露殿。時閹宦李輔國離間肅宗，故移居西內。高力士、陳玄禮等遷謫，上皇寢不自懌。上元二年四月甲寅，崩于神龍殿，時年七十八。羣臣上謚曰至道大聖大明孝皇帝，廟號玄宗。初，上皇親拜五陵，至橋陵，見金粟山崗有龍盤鳳翥之勢，復近先塋，謂侍臣曰：「吾千秋後宜葬此地，得奉先陵，不忘孝敬矣。」至是，追奉先旨以創寢園，以廣德元年三月辛酉葬于泰陵。

史臣曰：孔子稱「王者必世而後仁」。李氏自武后移國三十餘年，朝廷罕有正人，附麗無非險輩。持苞苴而請謁，奔走權門；效鷹犬以飛馳，中傷端士。以致斲喪王室，屠害宗枝，骨鯁大臣，屢遭誣陷，舞文酷吏，坐致顯榮。禮儀無復興行，刑政壞於犬馬，端揆出阿黨之語，晃旒有和事之名，朋比成風，廉耻都盡。

我開元之有天下也，糾之以典刑，明之以禮樂，愛之以慈儉，律之以軌儀。黜前朝徼倖之臣，杜其姦也；焚後庭珠翠之玩，戒其奢也；禁女樂而出宮嬪，明其教也；賜酺賞而放哇淫，懼其荒也；敍友于而敦骨肉，厚其俗也；蒐兵而責帥，明軍法也；朝集而計最，校吏能也。廟堂之上，無非經濟之才；表著之中，皆得論思之士。而又旁求宏碩，講道藝文。昌言嘉謨，日聞於獻納；長轡遠馭，志在於昇平。貞觀之風，一朝復振。于斯時也，烽燧不驚，華戎同軌。西蕃君長，越繩橋而競款玉關；北狄酋渠，捐毳幕而爭趨鴈塞。象郡、炎州之玩，雞林、鯷海之珍，莫不結轍於象胥，駢羅於典屬。膜拜丹墀之下，夷歌立仗之前，可謂冠帶百蠻，車書萬里。天子乃覽雲臺之義，草泥金之札，然後封日觀，禪雲亭，訪道於穆清，怡神於玄牝，與民休息，比屋可封。於時垂髫之倪，皆知禮讓；戴白之老，不識兵戈。虜不敢乘月犯邊，士不敢彎弓報怨。「康哉」之頌，溢于八紘。所謂「世而後仁」，見於開元者矣。年踰三紀，可謂太平。

於戲！國無賢臣，聖亦難理；山有猛虎，獸不敢窺。得人者昌，信不虛語。昔齊桓公行同禽獸，不失霸主之名；梁武帝靜比桑門，竟被臺城之酷。蓋得管仲則淫不害霸，任朱异則善不救亡。開元之初，賢臣當國，四門俱穆，百度唯貞，而釋、老之流，頗以無爲請見。

上乃務清淨，事薰修，留連軒后之文，舞詠伯陽之說，雖稍移於勤倦，亦未至於怠荒。俄而朝野怨咨，政刑紕繆，何哉？用人之失也。自天寶已還，小人道長。如山有朽壤，雖大必虧；木有蠹虫，其榮易落。以百口百心之讒諂，蔽兩目兩耳之聰明，苟非鐵腸石心，安得不惑！而獻可替否，靡聞姚、宋之言；妬賢害功，但有甫、忠之奏。豪猾因茲而睥睨，明哲於是乎卷懷，故祿山之徒，得行其僞。厲階之作，匪降自天，謀之不臧，前功併棄。惜哉！

贊曰：開元握圖，永鑒前車。景氣融朗，昏氛滌除。政纔勤倦，妖集廷除。先民之言，「靡不有初」。

校勘記

〔一〕徐岵　本書卷五〇刑法志作「徐嶠」。

〔二〕五品以上　「上」字各本原作「下」，據冊府卷八五改。

〔三〕自虹縣至淮陰　「虹縣」下各本原有「隋清」二字，據冊府卷四九七、新書卷三八地理志刪。

〔四〕崔隱甫　「隱」字各本原作「德」，據本書卷一八五下崔隱甫傳改。

〔五〕自石灰窠引流至州城而西卻注魏橋　「窠」「注」各本原作「巢」「涯」，據冊府卷四九七、新書卷三九地理志改。

〔六〕士庶厚葬　「厚」字各本原作「奪」，據新書卷五玄宗紀改。

〔七〕文辭秀逸　「逸」字各本原作「英」，御覽卷一一一、冊府卷六四五作「逸」，冊府同卷記玄宗時同一年事又云：「是年有舉文詞秀逸科。」據改。

〔八〕老幼版授　校勘記卷四云：按「幼」當作「人」，諸帝紀中言老人版授者多。

〔九〕廣運潭　「運」字各本原作「濟」，據本卷上文、冊府卷一一四、新書卷三七地理志改。

〔一〇〕紫極宮　「極」字各本原作「微」，據冊府卷五四改。

〔一一〕裴敦復卒　按裴敦復被殺，事具見本卷天寶六載。通鑑卷二一五記天寶三載夏四月，「裴敦復破吳令光，擒之」。此處不當言卒，疑有脫文。

〔一二〕中受降城　「中」字各本原作「東」，據新書卷三七地理志、通鑑卷二一六改。

〔一三〕開元天地大寶聖文神武應道皇帝　「地大」二字各本原無，據冊府卷一六、通鑑卷二一六補。

〔一四〕仗下後　「後」字各本原作「從」，據御覽卷一一一改。

〔一五〕及誅楊國忠魏方進一族　各本「及」字原作「乃」，「魏方進」作「衆方退」，據御覽卷一一一改。

舊唐書卷十

本紀第十

肅宗

肅宗文明武德大聖大宣孝皇帝諱亨，玄宗第三子，母曰元獻皇后楊氏，景雲二年乙亥生〔一〕。初名嗣昇，二歲封陝王，五歲拜安西大都護、河西四鎮諸蕃落大使。上仁愛英悟，得之天然；及長，聰敏強記，屬辭典麗，耳目之所聽覽，不復遺忘。

開元十五年正月，封忠王，改名浚。五月，領朔方大使、單于大都護。十八年，奚、契丹犯塞，以上爲河北道元帥，信安王禕爲副，帥御史大夫李朝隱、京兆尹裴伷先等八總管兵以討之〔二〕。仍命百僚設次於光順門，與上相見。左丞相張說退謂學士孫逖、韋述曰：「嘗見太宗寫眞圖，忠王英姿穎發，儀表非常，雅類聖祖，此社稷之福也。」二十年〔三〕，諸將大破奚、契丹，以上遙統之功，加司徒。二十三年，改名璵。二十五年，皇太子瑛得罪。二十六年六月庚子，立上爲皇太子，改名紹。後有言事者云：紹與宋太子名同，改今名。初，太子瑛得罪，上召李林甫議立儲貳，時壽王瑁母武惠妃方承恩寵，林甫希旨，以瑁對。及立上爲太子，林甫懼不利己，乃起韋堅、柳勣之獄，上幾危者數四。後又楊國忠依倚妃家，恣爲褻穢，懼上英武，潛謀不利，爲患久之。

天寶十三載正月，安祿山來朝，上嘗密奏，云祿山有反相，玄宗不聽。十四載十一月，祿山果叛，稱兵詣闕。十二月丁未，陷東京。辛丑，制太子監國，仍遣上親總諸軍進討。時祿山以誅楊國忠爲名，由是軍民切齒於楊氏。國忠懼，乃與貴妃謀間其事，上遂不行。乃召河西節度使哥舒翰爲皇太子前鋒兵馬元帥，令率衆二十萬守潼關。

明年六月，哥舒翰爲賊所敗，關門不守，國忠諷玄宗幸蜀。丁酉，至馬嵬頓，六軍不進，請誅楊氏。於是誅國忠，賜貴妃自盡。車駕將發，留上在後宣諭百姓，衆泣而言曰：「逆胡背恩，主上播越，臣等生於聖代，世爲唐民，願勠力一心，爲國討賊，請從太子收復長安。」玄宗聞之曰：「此天啓也。」乃令高力士與壽王瑁送太子內人及服御等物，留後軍廐馬從上。令力士口宣曰：「汝好去！百姓屬望，愼勿違之。莫以吾爲意。且西戎北狄，吾嘗厚之，今國步艱難，必得其用，汝其勉之！」

上迴至渭北，便橋已斷，水暴漲，無舟楫；上號令水濱百姓，歸者三千餘人。渭水可涉，又遇潼關散卒，誤以爲賊，與之戰，士衆多傷。乃收其餘衆北上〔四〕，軍既濟，其後皆溺，上喜，以爲天之佑。時從上惟廣平、建寧二王及四軍將士，纔二千人。自奉天而北，夕次永壽，百姓遮道獻牛酒。有白雲起西北，長數丈，如樓閣之狀，議者以爲天子之氣。戊戌，至新平郡。時晝夜奔馳三百餘里，士衆器械亡失過半，所存之衆，不過一旅。己亥，至安定郡，斬新平太守薛羽、保定太守徐彀，以其棄郡也。庚子，至烏氏驛，彭原太守李遵謁見，率兵士奉迎，仍進衣服糗糧。上至彭原，又募得甲士四百，率私馬以助軍。辛丑，至平涼郡，蒐閱監牧公私馬，得數萬疋，官軍益振。時賊據長安，知上治兵河西，三輔百姓皆曰：「吾太子大軍即至！」賊望西北塵起，有時奔走。戊申，扶風人康景龍殺賊宣慰使薛總等二百餘人，陳倉令薛景仙率衆收扶風郡守之。由是關輔豪右皆謀殺賊，賊故不敢侵軼。

上在平涼，數日之間未知所適，會朔方留後杜鴻漸、魏少遊、崔漪等遣判官李涵奉牋迎上，備陳兵馬招集之勢，倉儲庫甲之數，上大悅。鴻漸又發朔方步騎數千人於白草頓奉迎。時河西行軍司馬裴冕新授御史中丞赴闕〔五〕，遇上於平涼，亦勸上治兵於靈武以圖進取，上然之。上初發平涼，有彩雲浮空，白鶴前引，出軍之後，有黃龍自上所憩屋騰空而去。上行至豐寧南，見黃河天塹之固，欲整軍北渡，以保豐寧，忽大風飛沙，跬步之間，不辨人物，及迴軍趨靈武，風沙頓止，天地廓淸。

七月辛酉，上至靈武，時魏少遊預備供帳，無不畢備。裴冕、杜鴻漸等從容進曰：「今寇逆亂常，毒流函谷，主上倦勤大位，移幸蜀川。江山阻險，奏請路絕，宗社神器，須有所歸。萬姓顒顒，思崇明聖，天意人事，不可固違。伏願殿下順其樂推，以安社稷，王者之大孝也。」上曰：「俟平寇逆，奉迎鑾輿，從容儲闈，侍膳左右，豈不樂哉！公等何急也？」冕等凡六上牋，辭情激切，上不獲已，乃從。

是月甲子，上卽皇帝位於靈武。禮畢，冕等跪進曰：「自逆賊憑陵，兩京失守，聖皇傳位陛下，再安區宇，臣稽首上千萬歲壽。」羣臣舞蹈稱萬歲。上流涕歔欷，感動左右。卽日奏其事於上皇。是日，御靈武南門，下制曰：

朕聞聖人畏天命，帝者奉天時。知皇靈睠命，不敢違而去之；知曆數所歸，不獲已而當之。在昔帝王，靡不由斯而有天下者也。乃者羯胡亂常，京闕失守，天未悔禍，羣兇尙扇。聖皇久厭大位，思傳眇身，軍興之初，已有成命，予恐不德，罔敢祗承。今羣工卿士僉曰：「孝莫大於繼德，功莫盛於中興。」朕所以治兵朔方，將殄寇逆，務以大者，本其孝乎。須安兆庶之心，敬順羣臣之請，乃以七月甲子，卽皇帝位於靈武。敬崇徽號，上尊聖皇曰上皇天帝，所司擇日昭告上帝。朕以薄德，謬當重位，旣展承天之禮，宜覃率土之澤，可大赦天下，改元曰至德。內外文武官九品已上加兩階、賜兩轉，三品已上賜爵一級。

以朔方度支副使、大理司直杜鴻漸爲兵部郎中，朔方節度判官崔漪爲吏部郎中，並知中書舍人。以御史中丞裴冕爲中書侍郎、同中書門下平章事。河西兵馬使周佖爲河西節度使，隴右兵馬使彭元暉爲隴右節度使，前蒲州刺史呂崇賁爲關內節度使兼順化郡太守。以陳倉縣令薛景仙爲扶風太守，以隴右節度使郭英乂爲天水郡太守。改靈武郡爲大都督府，上縣爲望，中縣爲上。丁卯，逆胡害霍國長公主、永王妃侯莫陳氏、義王妃閻氏、陳王妃韋氏、信王妃任氏、駙馬楊朏等八十餘人於崇仁之街。甲戌，賊黨同羅部五千餘人自西京出降朔方軍〔六〕。己卯，京兆尹崔光遠、長安令蘇震等率府縣官吏大呼於西市，殺賊數千級，然後來赴行在。詔改扶風爲鳳翔郡。

八月壬午，朔方節度使郭子儀、范陽節度使李光弼破賊於常山郡之嘉山。上以治兵收京城，詔子儀等旋師，子儀、光弼率所統步騎五萬至自河北〔七〕。詔以子儀爲兵部尚書，依前靈州大都督府長史；光弼爲戶部尚書，兼太原尹、北京留守；同中書門下平章事。迴紇、吐蕃遣使繼至，請和親，願助國討賊，皆宴賜遣之。是日，上皇至成都，大赦。癸巳，上所奉表始達成都。丁酉，上皇遜位稱誥〔八〕，遣左相韋見素、文部尚書房琯、門下侍郎崔渙等奉册書赴靈武。

九月戊辰，上南幸彭原郡。封故邠王守禮男承宷爲燉煌王，令使迴紇和親，册迴紇可汗女爲毗伽公主，仍令僕固懷恩送承宷至迴紇部。內官邊令誠背上皇投賊，至是復來見，上命斬之。丙子，至順化郡，韋見素、房琯、崔渙等自蜀郡齎上册書及傳國寶等至。己卯，斬潼關敗將李承光於纛下。

十月辛巳朔，日有蝕之，既。癸未，彭原郡以軍興用度不足，權賣官爵及度僧尼。上素知房琯名，至是琯請爲兵馬元帥收復兩京，許之，仍令兵部尚書王思禮爲副。分兵爲三軍，楊希文、劉貴哲、李光進等各將一軍，其衆五萬。辛丑，琯與賊將安守忠戰于陳濤斜，官軍敗績，楊希文、劉貴哲等降於賊，琯亦奔還。平原太守顏眞卿以食盡援絕，棄城渡河，於是河北郡縣盡陷於賊。

十一月辛亥，河西地震有聲，圮裂廬舍，張掖、酒泉尤甚。戊子，迴紇引軍來赴難，與郭子儀同破賊黨同羅部三千餘衆於河上。詔宰相崔渙巡撫江南，補授官吏。

十二月戊子，以王思禮爲關內節度。彭原郡百姓給復二載，郡同六雄，縣升緊、望。以秦州都督郭英乂爲鳳翔太守，諫議大夫高適爲廣陵長史、淮南節度兼採訪使。賊將阿史那承慶攻陷潁川郡，執太守薛愿、長史龐堅。甲辰，江陵大都督府永王璘擅領舟師下廣陵。

二載春正月庚戌朔，上在彭原受朝賀。是日通表入蜀賀上皇。上皇在蜀，每得上表疏，訊其使者，知上涕戀晨省，乃下誥曰：「至和育物，大孝安親，古之哲王，必由斯道。朕往在春宮，嘗事先后，問安靡闕，視膳無違。及同氣天倫，聯華棣萼，居嘗共被，食必分甘。今皇帝奉而行之，未嘗失墜，每有銜命而來，戒途將發，必肅恭拜跪，涕泗漣洏，左右侍臣，罔不感動。間者抱戴、赤雀、白狼之瑞，接武荐臻，此皆皇帝聖敬之符，孝友之感也。故能誕敷德教，橫于四海，信可以光宅寰宇，永綏黎元者哉！其天下有至孝友悌行著鄉閭堪旌表者，郡縣長官採聽聞奏，庶孝子順孫沐于玄化也。」甲寅，以襄陽太守李峘爲蜀郡長史、劍南節度使，將作少監魏仲犀爲襄陽、山南道節度使，永王傅劉彙爲丹陽太守兼防禦使。以憲部尚書李麟同中書門下平章事。上皇遣平章事崔圓奉誥赴彭原。乙卯，逆胡安祿山爲其子慶緒所殺。辛酉，於江寧縣置金陵郡，仍置軍，分人以鎭之。甲子，幸保定郡。丙寅，武威郡九姓商胡安門物等叛，殺節度使周佖，判官崔稱率衆討平之。是日，蜀郡健兒賈秀等五千人謀逆，上皇御蜀郡南樓，將軍席元慶等討平之。

二月戊子，幸鳳翔郡。文城太守武威郡九姓齊莊破賊五千餘衆〔九〕。上議大舉收復兩京，盡括公私馬以助軍。給事中李廙署云「無馬」，大夫崔光遠劾之，貶廙江華太守。節度使李光弼大破賊將蔡希德之衆於城下，斬虜七萬，軍資器仗稱是。朔方節度使郭子儀大破賊將崔乾祐於潼關，收河東郡。永王璘兵敗，奔於嶺外，至大庾嶺，爲洪州刺史皇甫侁所殺。

三月癸亥，河西自去冬地震，至是方止。辛酉，以左相韋見素、平章事裴冕爲左右僕射，並罷知政事。以前憲部尚書致仕苗晉卿爲左相。吐蕃遣使和親，遣給事中南巨川報命。癸亥大雨，至癸酉不止，詔疏理刑獄，甲戌方止。

夏四月戊寅朔，以郭子儀爲司空，兼副元帥，統諸節度；李光弼爲司徒。乙酉，太史奏歲星、太白、熒惑集于東井。

五月癸丑，郭子儀與賊將安守忠戰于淸渠，官軍敗績，子儀退保武功。丁巳，房琯爲太子少師，罷知政事。以諫議大夫張鎬爲中書侍郎、同中書門下平章事。以武部侍郎杜鴻漸爲河西節度。庚申，詔追贈故妃楊氏爲元獻皇太后，上母也。甲子，郭子儀以失律讓司空，許之。

七月庚戌夜，蜀郡軍人郭千仞謀逆，上皇御玄英樓，節度使李峘討平之。丁巳，賊將安武臣陷陝郡，民無遺類。

八月甲申，以黃門侍郎崔渙爲餘杭太守、江東採訪防禦使。己丑，以平章事張鎬兼河南節度、採訪處置等使。靈昌太守許叔冀爲賊所攻，援兵不至，拔衆投睢陽郡。癸巳，大閱諸軍，上御城樓以觀之。丁酉，改雍縣爲鳳翔縣，陳倉爲寶雞縣。

閏八月辛未，賊將遽寇鳳翔，崔光遠行軍司馬王伯倫、判官李椿率衆捍賊。賊退，乘勝至中渭橋，殺賊守橋衆千人，追擊入苑中。時賊大軍屯武功，聞之燒營而去。伯倫與賊血戰而死，李椿力窮被執，然自是賊不敢西侵。

九月丁丑，上黨節度使程千里與賊挑戰，爲賊將蔡希德所擒。燉煌王承宷自迴紇使還，拜宗正卿；納迴紇公主爲妃，迴紇封爲葉護，持四節，與迴紇葉護太子率兵四千助國討賊。葉護入見，宴賜加等。丁亥，元帥廣平王統朔方、安西、迴紇、南蠻、大食之衆二十萬，東向討賊。壬寅，與賊將安守忠、李歸仁等戰于香積寺西北，賊軍大敗，斬首六萬級，賊帥張通儒棄京城東走。癸卯，廣平王收西京。甲辰，捷書至行在，百僚稱賀，卽日告捷于蜀。上皇遣裴冕入京，啓告郊廟社稷。

冬十月乙巳朔，以崔光遠爲京兆尹。詔曰：「緣京城初收，要安百姓，又灑掃宮闕，奉迎上皇。以今月十九日還京，應緣供頓，務從減省。」吐蕃寇陷西平郡。癸丑，賊將尹子奇陷睢陽，害張巡、姚誾、許遠。賊自香積之敗，悉衆保陝郡，廣平王統郭子儀等進攻，與賊戰于陝西之新店，賊衆大敗，斬首十萬級，橫屍三十里。庚申，安慶緒與其黨奔河北。壬戌，廣平王入東京，陳兵天津橋南，士庶歡呼路側。陷賊官僞署侍中陳希烈、中書令張垍等三百餘人素服待罪。癸亥，上自鳳翔還京，仍遣太子太師韋見素入蜀迎上皇，鳳翔郡給復五載。丙寅，至望賢宮，得東京捷書至，上大喜。丁卯，入長安。士庶涕泣拜忭曰：「不圖復見吾君！」上亦爲之感惻。九廟爲賊所焚，上素服哭於廟三日，入居大明宮。是日，上皇發蜀郡。己巳，文武脅從官免冠徒跣，朝堂待罪，禁之府獄，命中丞崔器劾之。迴紇葉護自東京還，宴之于宣政殿，便辭還蕃。乃封葉護爲忠義王，約每年送絹二萬疋，至朔方王便交授。

十一月壬申朔，上御丹鳳樓，下制曰：「我國家出震乘乾，立極開統。謳歌曆數，啓聖千齡；文物聲名，握圖六葉。安祿山夷羯賤類，粗立邊功，遂肆兇殘，變起倉卒，而毒流四海，塗炭萬靈。朕興言痛憤，提戈問罪，靈武聚一旅之衆，至鳳翔合百萬之師，親總元戎，掃清羣孽。廣平王俶受委元帥，能振天聲；郭子儀決勝無前，克成大業。兼迴紇葉護、雲南子弟、諸蕃兵馬，力戰平兇，勢若摧枯，易同破竹。朕早承聖訓，嘗讀禮經，義切奉先，恐不克荷。今復宗廟於函洛，迎上皇於巴蜀；導鑾輿而反正，朝寢門而問安；寰宇載寧，朕願畢矣。且復人將有主，敬當天地之心；興豈在予，實憑社稷之祐。今兩京無虞，三靈通慶，可以昭事，宜在覃恩，待上皇到日，當取處分。」是時河南、河東諸郡縣皆平。宮省門帶「安」字者改之。僞御史大夫嚴莊來降。新成九廟神主，上親告享。

十二月丙午，上皇至自蜀，上至望賢宮奉迎。上皇御宮南樓，上望樓辟易，下馬趨進樓前，再拜蹈舞稱慶。上皇下樓，上匍匐捧上皇足，涕泗嗚咽，不能自勝。遂扶侍上皇御殿，親自進食；自御馬以進，上皇上馬，又躬攬轡而行，止之後退。上皇曰：「吾享國長久，吾不知貴，見吾子爲天子，吾知貴矣。」上乘馬前導，自開遠門至丹鳳門，旗幟燭天，綵棚夾道。士庶舞忭路側，皆曰：「不圖今日再見二聖！」百僚班於含元殿庭，上皇御殿，左相苗晉卿率百辟稱賀，人人無不感咽。禮畢，上皇詣長樂殿謁九廟神主，卽日幸興慶宮。上請歸東宮，上皇遣高力士再三慰譬而止。受賊僞署左相陳希烈、達奚珣等二百餘人並禁於楊國忠宅鞫問。

甲寅，以左相苗晉卿爲中書侍郎、同中書門下平章事。十二月戊午朔，上御丹鳳門，下制大赦。蜀郡靈武元從功臣太子太師、豳國公韋見素，內侍、齊國公高力士，右龍武大將軍陳玄禮，各加實封三百戶。田長文、張崇俊、杜休祥各加二百戶。右僕射裴冕冀國公，殿中監李輔國成國公，宗正卿李遵鄭國公，兼進封邑。廣平王俶封楚王，加實封二千戶。左僕射、朔方節度郭子儀加司徒，進封代國公，實封一千戶。兵馬使僕固懷恩封豐國公，右金吾將軍李嗣業封虢國公，司徒兼太原尹李光弼薊國公，關內節度王思禮霍國公，淮南節度來瑱潁國公，南陽太守魯炅岐國公，仍並加實封。京兆尹崔光遠鄴國公，開府李光進范陽郡公，左相苗晉卿爲侍中、封韓國公，憲部尚書、平章事李麟褒國公，中書侍郎崔圓爲中書令、趙國公，中書侍郎張鎬南陽縣公。近日所改百司額及郡名官名，一依故事。改蜀郡爲南京〔一〇〕，鳳翔府爲西京，西京改爲中京，蜀郡改爲成都府。鳳翔府官僚並同三京名號。其李憕、盧弈、顏杲卿、袁履謙、許遠、張巡、張介然、蔣清、龐堅等即與追贈，訪其子孫，厚其官爵。文武三品已上賜爵一級，四品已下加一階。賜酺五日。進封南陽王係爲趙王，新城王僅爲彭王，潁川王僴爲兗王。第七男侹爲涇王，第九男僙封襄王，第十男佋封興王，第十一男倕封杞王〔一一〕，第十二男侗封定王。甲子，上皇御宣政殿，授上傳國璽，上於殿下涕泣而受之。

己丑，賊將僞范陽節度使史思明以其兵衆八萬之籍，與僞河東節度使高秀巖並表送降。庚午，制：「人臣之節，有死無二；爲國之體，叛而必誅。況乎委質賊廷，宴安逆命，耽受寵祿，淹延歲時，不顧恩義，助其効用，此其可宥，法將何施？達奚珣等或受任台輔，位極人臣；或累葉寵榮，姻聯戚里；或歷踐臺閣，或職通中外。夫以犬馬微賤之畜，猶知戀主；龜蛇蠢動之類，皆能報恩。豈曰人臣，曾無感激？自逆胡作亂，傾覆邦家，凡在黎元，皆含怨憤，殺身殉國者，不可勝數。此等黔首，猶不背國恩。受任於梟獍之間〔一二〕，咨謀於豺虺之輩，靜言此情，何可放宥。達奚珣等一十八人，並宜處斬；陳希烈等七人，並賜自盡；前大理卿張均特宜免死，配流合浦郡。」是日斬達奚珣等於子城西南隅獨柳樹，仍集百僚往觀之。

三載正月甲戌朔。戊寅，上皇御宣政殿，册皇帝尊號曰光天文武大聖孝感皇帝。上以徽號中有「大聖」二字，上表固讓，不允。乙酉，敕：「因亂所失庫物，先差使搜檢，如聞下吏因便擾人，其搜檢使一切並停，務令安輯。」內出宮女三千人。庚寅，大閱諸軍於含元殿庭，上御棲鸞閣觀之。庚子，册良娣張氏爲淑妃。

二月癸卯朔，賊將僞淄青節度能元皓以其地請降，用爲河北招討使，并其子昱並授官爵。乙巳，上御興慶宮，奉册上皇徽號曰太上至道聖皇大帝。丁未，御明鳳門，大赦天下，改至德三載爲乾元元年。成都、靈武扈從功臣三品已上與一子官，五品已下與一子出身，六品已下量與改轉。死王事、陷賊不受僞命而死者，並與追贈。陷賊官先推鞫者，例減罪一等。今後醫卜入仕者，同明法例處分。

三月癸酉朔。甲戌，元帥楚王俶改封成王。乙亥，山南東道、河南、淮南、江南皆置節度使。辛卯，以歲饑，禁酤酒，麥熟之後，任依常式〔三〕。太史監爲司天臺，取承寧坊張守珪宅置，仍補官員六十人。

夏四月癸卯，以太子少師、嗣虢王巨爲東京留守、河南尹，充京畿採訪處置使。己酉，册淑妃張氏爲皇后。辛亥，九廟成，備法駕自長安殿迎九廟神主入新廟。甲寅，上親享九廟，遂有事於圜丘，即日還宮。翌日，御明鳳門，大赦天下。戊辰，上進鍊石英金竈於興慶宮〔一四〕。

五月壬申朔，迴紇、黑衣大食各遣使朝貢，至閣門爭長，詔其使各從左右門入。壬午，詔：「近緣狂寇亂常，諸道分置節度，蓋總管內徵發、文牒往來，仍加採訪，轉滋煩擾。其諸道先置採訪、黜陟二使宜停。」癸未夜，月掩心前星。戊子，以河南節度、中書侍郎、平章事張鎬爲荆州大都督府長史、本州防禦使，以禮部尚書崔光遠爲河南節度。庚寅，立成王俶爲皇太子。以荆州長史季廣琛赴河南行營會計討賊於河北。己未，中書令崔圓爲太子少師，刑部尚書、同平章事李麟爲太子少傅，並罷知政事。以太常少卿、知禮儀事王璵爲中書侍郎、同中書門下平章事。丙申，燉煌王承寀薨。

六月辛丑朔，吐火羅、康國遣使朝貢。己酉，初置太一神壇於圓丘東。是日，命宰相王璵攝行祠事。癸丑夜，月入南斗魁。戊午，詔〔一五〕：「三司所推劾受賊僞官等，恩澤頻加，科條遞減，原其事狀，稍近平人，所推問者，並宜釋放。」

秋七月辛未朔，吐火羅葉護烏利多幷九國首領來朝，助國討賊，上令赴朔方行營。丙戌，初鑄新錢，文曰「乾元重寶」，用一當十，與開元通寶同行用。丁亥，制上第二女寧國公主出降迴紇英武威遠毗伽可汗〔二六〕。

八月壬寅，以青徐等五州節度使季廣琛兼許州刺史，河南節度使崔光遠兼汴州刺史。以青州刺史許叔冀兼滑州刺史，充青滑六州節度使。甲辰，上皇誕節，上皇宴百官於金明門樓。朔方節度使郭子儀、河東節度使李光弼、關內節度使王思禮來朝，加子儀中書令，光弼侍中，思禮兵部尚書，餘如故。

九月庚午朔，右羽林大將軍趙泚爲蒲州刺史、蒲同虢三州節度使，貝州刺史能元皓爲齊州刺史、齊兗鄆等州防禦使。庚寅，大舉討安慶緒於相州。命朔方節度郭子儀、河東節度李光弼、關內潞州節度使王思禮、淮西襄陽節度魯炅、興平節度李奐、滑濮節度許叔冀、平盧兵馬使董秦、北庭行營節度使李嗣業、鄭蔡節度使季廣琛等九節度之師，步騎二十萬，以開府魚朝恩爲觀軍容使。癸巳，廣州奏大食國、波斯國兵衆攻城，刺史韋利見棄城而遁。

十月乙未，以鳳翔尹李齊物爲刑部尚書，以濮州刺史張方須爲廣州都督、五府節度使。郭子儀奏破賊十萬於衞州，獲安慶緒弟慶和，進收衞州。甲寅，上皇幸華淸宮，上送於灞上。許叔冀奏：「衞州婦人侯四娘、滑州婦人唐四娘、某州婦人王二娘相與歃血，請赴行營討賊。」皆補果毅。壬申，王思禮破賊二萬於相州。

十一月丁丑，郭子儀收魏州，得僞署刺史蕭華於州獄，詔復以華爲刺史。是日，上皇至自華淸宮，上迎於灞上。上自控上皇馬轡百餘步，誥止之，乃已。

十二月癸卯，以河南節度崔光遠爲魏州刺史，遣蕭華赴相州行營。甲辰，以昇州刺史韋黃裳爲蘇州刺史、浙西節度使。庚戌，以戶部尚書李峘充淮南、浙西觀察使、處置節度使。丙寅，立春，上御宣政殿，讀時令，常參官五品已上升殿序坐而聽之。時王師圍相州，慶緒食盡，求於史思明率衆來援。丁卯，思明復陷魏州，刺史崔光遠出奔。

二年春正月己巳朔，上御含元殿，受尊號曰乾元大聖光天文武孝感皇帝。是日，史思明自稱燕王於魏州，僭立年號。丁丑，上親祀九宮貴神，齋宿於壇所。戊寅，有事於籍田，上行九推，禮官奏太過，上曰：「朕勸農率下，所恨不終千畝耳。」癸未夜，月掩歲星。乙丑，以御史中丞崔寓都統浙江、淮南節度處置使。丙申，開府儀同三司、衞尉卿、懷州北庭行營節度使、虢國公李嗣業卒于相州行營。庚子，以太子少師崔圓充東京留守，判尚書省事。

二月壬子望，月蝕旣。百官請加皇后張氏尊號曰「翊聖」，上以月蝕陰德不修而止。貶東京留守、嗣虢王巨以遂州刺史〔一七〕，苛政也。丙辰，月犯心大星。壬戌，遣侍中苗晉卿、王璵分錄囚徒。

三月丁卯朔。己巳，皇后祀先蠶於苑中。壬申，相州行營郭子儀等與賊史思明戰，王師不利，九節度兵潰，子儀斷河陽橋，以餘衆保東京。辛卯，以衞尉卿荔非元禮爲懷州刺史，權鎮西、北庭行營節度使；以滑州刺史許叔冀充滑、汴、曹、宋等州節度使；以鄆州刺史尚衡爲徐州刺史，充亳、潁等州節度使。甲午，以兵部侍郎呂諲同中書門下平章事，以太子賓客薛景仙爲鳳翔尹、本府防禦使。乙未，侍中苗晉卿爲太子太傅，平章事王璵爲刑部尚書，並罷知政事。以京兆尹李峴爲吏部尚書，禮部侍郎李揆爲中書侍郎，與戶部侍郎第五琦等並同中書門下平章事。丙申，以郭子儀爲東畿、山南東〔元〕、河南等道節度、防禦兵馬元帥，權東京留守，判尚書省事。以河西節度副使來瑱爲陝州刺史，充虢華節度、潼關防禦團練等使。

四月丁酉朔，王思禮奏於潞城縣東直千嶺破賊萬人。壬寅，詔以寇孽未平，務懷撝挹，「自今以後，朕常膳及服御等物，並從節減，諸作坊造坊並停」。「比緣軍國務殷，或宣口敕處分。今後非正宣，並不得行用，中外諸務，各歸有司。英武軍及六軍諸使，比因論竟便行追攝。今後須經臺府，如處斷不平，具狀聞奏。自文武五品已上正官各舉賢良方正、直言極諫一人，任自封進。兩省官十日一上封事。御史臺欲彈事，不須進狀，仍服豸冠。殘妖未殄，國步猶難，共體至公，以康庶政。朕推誠御物，與衆共之，思與蒼生，臻夫至道。宣示中外，知朕意焉」。甲辰，以鄧州刺史魯炅爲鄭州刺史，充陳、鄭、潁、亳節度使；以徐州刺史尚衡爲青州刺史，充青、淄、密、登、萊、沂、海等州節度使；以商州刺史、興平軍節度李奐兼豫、許、汝等州節度使。乙巳，第五琦依舊判度支、租庸等使。史思明僭號於魏州。貶季廣琛宣州刺史。崔光遠爲太子少保。癸亥，以久旱徙市，雩祈雨。

五月辛巳，貶宰相李峴蜀州刺史。丁亥，上御宣政殿試文經邦國等四科舉人。乃以汝州刺史劉展爲滑州刺史，以平盧軍節度都知兵馬使董秦爲濮州刺史。

六月乙未朔，以右僕射裴冕爲御史大夫、成都尹，持節充劍南節度副大使、本道觀察使；以邠州刺史房琯爲太子賓客；以饒州刺史顏眞卿爲昇州刺史，充浙江西道節度使。己巳，以明州刺史呂延之爲越州刺史，充浙江東道節度使；以右羽林大將軍彭元曜爲鄭州刺史，充陳、鄭、申、光、壽等州節度使。

秋七月乙丑朔，以禮部尚書韋陟充東京留守。太子少傅、兗國公李麟卒。辛巳，制以趙王係爲天下兵馬元帥，司空兼侍中李光弼爲副。丁亥，以兵部尚書、潞州大都督府長史、潞沁節度、霍國公王思禮兼太原尹，充北京留守、河東節度副大使；刑部尚書王璵爲蒲州刺史，充蒲、同、絳三州節度使。

八月乙亥，襄州偏將康楚元逐刺史王政，據城自守。丙辰，寧國公主自迴紇還宮。副元帥李光弼兼幽州大都督府長史、河北節度等使。

九月甲午，襄州賊張嘉延襲破荆州，澧、朗、復、郢、硤、歸等州官吏皆棄城奔竄。戊辰，新鑄大錢，文如乾元重寶，而重其輪，用一當五十，以二十二斤成貫。丁亥，以太子少保崔光遠充荆、襄等州招討使，右羽林大將軍王仲昇充申、安、沔等州節度使，右羽林將軍李抱玉爲鄭州刺史、鄭陳潁亳四州節度使。庚寅，逆胡史思明陷洛陽，副元帥李光弼守河陽，汝、鄭、滑等州陷賊。

冬十月丁酉，制親征史思明，竟不行。乙巳，李光弼奏破賊於城下。壬戌，宰相呂諲起復，依前平章事。

十一月甲子朔，商州刺史韋倫破康楚元，荆襄平。庚午，戶部侍郎、同平章事第五琦貶忠州長史，御史大夫賀蘭進明貶溱州司馬。

十二月癸巳朔，神策將軍衞伯玉破賊於陝東彊子坂。甲寅，以御史大夫史翽爲襄州刺史，充山南東道節度、觀察處置等使。

三年春正月癸亥朔。辛巳，李光弼進位太尉、兼中書令，餘如故。以杭州刺史侯令儀爲昇州刺史，充浙江西道節度兼江寧軍使。戊子，以朔方節度使郭子儀兼邠寧、鄜坊兩道節度使。

二月癸巳朔，以右丞崔寓爲蒲州刺史，充蒲、同、晉、絳等州節度使。庚戌，第五琦除名，長流夷州。癸丑，以太子少保崔光遠爲鳳翔尹、秦隴節度使。

三月壬申，以京兆尹李若幽爲成都尹、劍南節度使。甲申，以蒲州爲河中府，其州縣官吏所置，同京兆、河南二府。

四月甲午，李光弼奏破賊於懷州、河陽。甲辰，以禮部尚書、東京留守韋陟爲吏部尚書，太子賓客房琯爲禮部尚書。以太子賓客、平章事張鎬爲左散騎常侍，太子賓客崔渙爲大理卿。是歲饑，米斗至一千五百文。戊申，襄州軍亂，殺節度使史翽，部將張維瑾據州叛。丁巳夜，彗出東方，在婁、胃間，長四尺許。戊午，以右丞蕭華爲河中尹、兼御史中丞，充同、晉、絳等州節度、觀察處置使。己未，以陝州刺史來瑱爲襄州刺史，充山南東道襄鄧等十州節度、觀察處置等使。庚申，以右羽林大將軍郭英乂爲陝州刺史、陝西節度、潼關防禦等使。

閏四月辛酉朔，彗出西方，其長數丈。壬戌，以禮部尚書房琯爲晉州刺史。甲子，制彭王僅充河西節度大使，兗王僩北庭節度大使，涇王侹隴右節度大使，杞王倕陝西節度大使，興王佋鳳翔節度大使，蜀王偲邠寧節度大使，並不出閤。丁卯，太原尹王思禮進位司空。甲戌，天下兵馬元帥、趙王係改封越王。

己卯，以星文變異，上御明鳳門，大赦天下，改乾元爲上元。追封周太公望爲武成王，依文宣王例置廟。時大霧，自四月雨至閏月末不止。米價翔貴，人相食，餓死者委骸于路。壬午，以刑部尙書王璵爲太常卿，右散騎常侍韓擇木爲禮部尙書。

五月庚寅朔。丙午，以太子太傅、韓國公苗晉卿爲侍中。壬子，黃門侍郎、同中書門下三品呂諲爲太子賓客，罷知政事。癸丑，以河南尹劉晏爲戶部侍郎，勾當度支、鑄錢、鹽鐵等使。是夜，月掩昴。

六月乙丑，詔先鑄重稜錢一當五十，宜減當三十文；開元宜一當十。

七月己丑朔。丁未，上皇自興慶宮移居西內。丙辰，開府高力士配流巫州；內侍王承恩流播州，魏悅流溱州；左龍武大將軍陳玄禮致仕。丙辰，御史大夫崔器卒。

八月辛未，吏部尙書韋陟卒。丁丑，以太子賓客呂諲爲荊州大都督府長史、澧朗硤忠五州節度觀察處置等使。己卯，以將作監王昂爲河中尹、本府晉絳等州節度使。丁亥，贈故興王佋爲恭懿太子。

九月甲午，以荊州爲南都，州曰江陵府，官吏制置同京兆。其蜀郡先爲南京，宜復爲蜀郡。

十月壬申，以廬州刺史趙良弼爲越州刺史，充浙江東道節度使；靑州刺史殷仲卿爲淄州刺史、淄沂滄德棣等州節度使。甲申，以兵部侍郎尙衡爲青州刺史、青登等州節度使。

十一月乙巳，李光弼奏收懷州。宋州刺史劉展赴鎭揚州，揚州長史鄧景山以兵拒之，爲展所敗，展進陷揚、潤、昇等州。

十二月庚辰，以右羽林軍大將軍李鼎爲鳳翔尹、興鳳隴等州節度使。癸未夜，歲星掩房。

二年春正月丁亥朔。辛卯，温州刺史季廣琛爲宣州刺史，充浙江西道節度使。甲午，上不康，皇后張氏刺血寫佛經。甲寅，詔府縣、御史臺、大理疏理繫囚，死罪降從流，流已下並釋放。乙卯，平盧軍兵馬使田神功生擒劉展，揚、潤平。

二月己未，党項寇寶雞，入散關，陷鳳州，殺刺史蕭忚，鳳翔李鼎邀擊之。癸亥，以鳳翔尹崔光遠爲成都尹、劍南節度度支營田觀察處置等使，以太子詹事、趙國公崔圓爲揚州大都督府長史、淮南節度觀察等使。辛未夜，月有蝕之，既。戊寅，李光弼率河陽之軍五萬與史思明之衆戰於北邙，官軍敗績。光弼、僕固懷恩走保聞喜，魚朝恩、衞伯玉走保陝州，河陽、懷州共陷賊，京師戒嚴。癸未，中書侍郎、同中書門下三品李揆貶爲袁州長史。以前河中尹蕭華爲中書侍郎、同平章事、集賢殿崇文館大學士，兼修國史。

三月甲子，史朝義率衆夜襲我陝州，衞伯玉逆擊敗之。戊戌，史思明爲其子朝義所殺。李光弼以失律讓太尉、中書令，許之，授侍中、河中尹、晉絳等州節度觀察使。

夏四月乙亥朔，嗣岐王珍得罪，廢爲庶人，於溱州安置。連坐竇如玢、崔昌處斬，駙馬都尉楊洄、薛履謙賜自盡，左散騎常侍張鎬貶辰州司戶長任。己未，以吏部侍郎裴遵慶爲黃門侍郎、同中書門下平章事。青州刺史尙衡、兗州刺史能元皓並奏破賊。壬午，梓州刺史段子璋叛，襲破遂州，殺刺史嗣虢王巨。東川節度使李奐戰敗，奔成都。

五月甲午，思明僞將滑州刺史令狐彰以滑州歸朝，授彰御史中丞，依前滑州刺史、滑魏德貝相六州節度使。乙未，劍南節度使崔光遠率師與李奐擊敗段子璋於綿州，擒子璋殺之，綿州平。李光弼來朝，進位太尉，兼侍中，充河南副元帥，都統河南、淮南、山南東道五道行營節度，鎭臨淮。北京留守、守司空、太原尹、河東節度副大使、霍國公王思禮卒。辛丑，以鴻臚卿、趙國公管崇嗣爲太原尹、兼御史大夫，充北京留守、河東節度副大使。壬子，太子少傅、宗正卿李齊物卒。

六月癸丑朔。己卯，以鳳翔尹李鼎爲鄯州刺史、隴右節度營田等使。

秋七月癸未朔，日有蝕之，既。大星皆見。甲辰，延英殿御座梁上生玉芝，一莖三花，上製玉靈芝之詩。

八月癸丑朔，以中官李輔國守兵部尚書，於尚書省上，命宰臣百官送之，酣宴竟日。自七月霖雨，至是方止，牆宇多壞，漉魚道中。辛巳，以殿中監李若幽爲戶部尚書，充朔方鎮西北庭陳鄭等州節度使，鎮絳州，賜名國貞。

九月壬午朔。壬辰，以太子賓客、集賢殿學士、昌黎伯韓擇木爲禮部尚書。壬寅，制：朕獲守丕業，敢忘謙冲，欲垂範而自我，亦去華而就實。其「乾元大聖光天文武孝感」等尊崇之稱，何德以當之？欽若昊天，定時成歲，春秋五始，義在體元，惟以紀年，更無潤色。至于漢武，飾以浮華，非前王之茂典，豈永代而作則。自今已後，朕號唯稱皇帝，其年號但稱元年，去上元之號。其以今北庭潞儀隰等州行營〔一九〕、本管節度觀察等事，移鎮絳州。壬申，嗣寧王棣薨。癸酉，河南副元帥李光弼破賊於許州城下，收復許州。

建辰月庚辰朔。壬午，詔天下見禁繫囚，無輕重一切釋放。丙戌夜，月有白冠。癸巳，以襄州刺史來瑱爲安州刺史，充淮西申、安、蘄、黃、沔等十六州節度使。甲午，党項奴剌寇梁州，刺史李勉棄郡走。丙申，党項寇奉天。上不康，百僚於佛寺齋僧。丁未，詔左降官、流人一切放還。戊申，中書侍郎、平章事、徐國公蕭華爲禮部尚書，罷知政事。以尚書戶部侍郎元載同中書門下平章事，以禮部尚書韓擇木爲太子太保。

建巳月庚戌朔。壬子，楚州刺史崔侁獻定國寶玉十三枚：一曰玄黃天符，如笏，長八寸，闊三寸，上圓下方，近圓有孔，黃玉也；二曰玉雞，毛文悉備，白玉也；三曰穀璧，白玉也，徑可五六寸，其文粟粒無雕鐫之迹；四曰西王母白環，二枚，白玉也，徑六七寸；五曰碧色寶，圓而有光；六曰如意寶珠，形圓如雞卵，光如月；七曰紅靺鞨，大如巨栗，赤如櫻桃；八曰琅玕珠，二枚，長一寸二分；九曰玉玦，形如玉環，四分缺一；十曰玉印，大如半手，斜長，理如鹿形，陷入印中，以印物則鹿形著焉；十一曰皇后採桑鉤，長五六寸，細如筯，屈其末，似眞金，又似銀；十二曰雷公石斧，長四寸，闊二寸，無孔，細緻如青玉。十三寶置于日中，皆白氣連天。佽表云：「楚州寺尼眞如者，恍惚上升，見天帝。帝授以十三寶，曰：『中國有災，宜以第二寶鎭之。』」甲寅，太上至道聖皇天帝崩於西內神龍殿。上自仲春不豫，聞上皇登遐，不勝哀悸，因茲大漸。乙丑，詔皇太子監國。又曰：「上天降寶，獻自楚州，因以體元，叶乎五紀。其元年宜改爲寶應，建巳月爲四月，餘月並依常數，仍依舊以正月一日爲歲首。」丁卯，宣遺詔。是日，上崩于長生殿，年五十二。羣臣上謚曰文明武德大聖大宣孝皇帝，廟號肅宗。寶應二年三月庚午，葬于建陵。

史臣曰：臣每讀詩至許穆夫人閔宗國之顚覆，周大夫傷宮室之黍離，其辭情於邑，賦諭懃懇，未嘗不廢書興歎。及覩天寶失馭，流離奔播，又甚於詩人之於邑也。當其戎羯負恩，奄爲豨突，豺豕遽興於轂下，胡越寧慮於舟中，借人之戈，持之反刺，變生於不意也。所幸太王去國，豳人不忘於周君；新莽據圖，黔首仍思於漢德。是以宣皇帝蒙六聖之遺業，因百姓之樂推。號令朔方，旬日而車徒雲合；旋師右輔，期月而關、隴砥平。故兩都再復於鑾輿，九廟復歆於黍稷。觀其迎上皇於蜀道，陳拜慶於望賢，父子於是感傷，行路爲之隕涕。昔太公迎子，或從家令之言；而西伯事親，靡怠寢門之問。曾參、孝己，足以擬倫。然而道屈知幾，志微遠略。殘妖未殄，宜先恢復之謀；餘燼纔收，何暇昇平之禮。方聽王璵伏奏，輔國贊成，紺轅躬籍于春郊，翠幰先蠶於繭館，或御殿曉宣時令，或登壇宿禮貴神，禮即宜然，時何暇給。鍾懸未移於簨簴，思明已陷於洛陽，是知祝史疇人，安能及遠。猶賴大臣宣力，諸將效忠，旄頭終隕於三川，杲日重明於六合。比平王之遷洛，我則英雄；論元帝之渡江，彼誠幺麼。寧親復國，肅洒休哉！

贊曰：犬羊犯順，鑾輅播遷。兇徒竟斃，景祚重延。星馳蜀道，雨泣望賢。孝宣之謚，誰曰不然？

校勘記

〔一〕景雲二年乙亥生　册府卷二作「景雲二年九月三日乙亥生」。

〔二〕八總管兵　「總」上各本原有「人」字，據御覽卷一一二、新書卷六肅宗紀删。

〔三〕二十年　「十」字各本原無，據本書卷八玄宗紀、御覽卷一一二補。

〔四〕乃收其餘衆北上　「北」字各本原作「比」。御覽卷一一二作「乃收其餘衆以北上」，册府卷二〇作「乃收其餘衆濟渭而北」，據改。

〔五〕御史中丞　各本原作「御史大夫」，據本卷上下文及通鑑卷二一八改。

〔六〕西京　「京」字各本原無，據本書卷一二一僕固懷恩傳補。

〔七〕至自河北　「自」字各本原作「屯」，據本書卷一二〇郭子儀傳改。

〔八〕上皇遜位稱誥　「位」字各本原無，據御覽卷一一二補。

〔九〕文城太守武威郡九姓齊莊破賊　此處史文疑有訛舛，校勘記卷五謂應作「交城守捉使齊莊破武威郡九姓賊」。

〔一〇〕南京　各本原作「南陽」，據册府卷一四、新書卷六肅宗紀改。

〔一一〕僅爲彭王……僙封襄王……倕封杞王　各本「彭王」原作「彭城王」，「僙」原作「倕」，「倕」原作「偲」，據新書卷六肅宗紀、通鑑卷二二〇改。

〔一二〕受任於梟獍之間　唐大詔令集卷一一六此上有「豈有列在崇班，荷茲祿位，不思君親之分，唯與凶逆同心」二十二字。

〔一三〕麥熟之後任依常式　各本原作「麥依常式」，據唐大詔令集卷一一二、全唐文卷四四補。

〔一四〕金竈　各本原作「金龜」，據冊府卷二七改。

〔一五〕詔　各本原作「諸」，據冊府卷四一改。

〔一六〕制上第二女　「上」下各本原有「皇」字，據本書卷一九五迴紇傳、通鑑卷二二〇刪。

〔一七〕遂州刺史　「遂」字各本原作「陝」，據本書卷一一二李巨傳、新書卷七九虢莊王傳改。

〔一八〕山南東　「南」字各本原無，據本書卷一二〇郭子儀傳、新書卷六肅宗紀改。

〔一九〕其以今北庭潞儀隰等州行營　「其以今」下疑脫文，冊府卷一五作「其以今年十一月爲歲首，便數建丑建寅，每月以所建爲數」。又「北庭」上據本書卷一二〇郭子儀傳、新書卷六肅宗紀、通鑑卷二二二疑脫「建卯月庚午，郭子儀知朔方、河中」等字。